心理学与销售策略

黄金波 编著

中国纺织出版社有限公司

内 容 提 要

销售其实就是一场买卖双方的心理暗战，谁能掌握客户的心理，谁能影响客户的心理，谁就能成为销售的赢家。将心理学知识运用到销售策略中，是赢得这场心理战的制胜法宝。

本书从心理学角度出发，针对销售人员遇到的常见问题，给出了具体的心理应对策略，让销售人员轻松了解客户心理，进而卖出产品，提升销售业绩，成为销售行业中的佼佼者！

图书在版编目（CIP）数据

心理学与销售策略／黄金波编著.--北京：中国纺织出版社有限公司，2024.4
ISBN 978-7-5229-0731-4

Ⅰ.①心… Ⅱ.①黄… Ⅲ.①销售—商业心理学 Ⅳ.①F713.55

中国国家版本馆CIP数据核字（2023）第124360号

责任编辑：柳华君　　责任校对：高　涵　　责任印制：储志伟

中国纺织出版社有限公司出版发行
地址：北京市朝阳区百子湾东里A407号楼　邮政编码：100124
销售电话：010—67004422　传真：010—87155801
http://www.c-textilep.com
中国纺织出版社天猫旗舰店
官方微博 http://weibo.com/2119887771
天津千鹤文化传播有限公司印刷　各地新华书店经销
2024年4月第1版第1次印刷
开本：889×1230　1/32　印张：7.5
字数：125千字　定价：49.80元

凡购本书，如有缺页、倒页、脱页，由本社图书营销中心调换

前言
PREFACE

随着社会的发展和市场经济的繁荣，人们对商品的需求越来越旺盛，销售也就顺势成为一个热门行业。销售是所有行业中最有可能创造奇迹的工作，很多成功人士就是从一名销售员起家的。然而，销售绝非易事。如何将产品推销出去也就成为很多销售员研究和探讨的问题。

不得不说，随着时代的进步与发展，我们的客户也变得越来越聪明。在现实的销售中，经常有一些销售员会产生这样的困惑：客户到底在想些什么呢？为什么我还没开口，就被客户拒绝了呢？为什么我苦口婆心地劝说客户购买，客户就是无动于衷呢？在最后成交阶段，客户总是不断压价怎么办？到底怎样销售才能让客户接受我们的产品呢……

这些困惑的答案就是你不懂客户在想什么，更没有把握住客户的心理。正因为如此，在商界，流传着这样一句名言："成功的销售员一定是一个伟大的心理学家。"销售就是一场心理博弈，如果你的销售技巧不达标，你的销售语言不能立即抓住购买者的心理，那么你的产品销售就会成为泡影。

权威机构通过对100名销售人员为期一年的追踪调查发现，

在销售过程中，采用常规策略进行推销的人员，成功的可能性维持在24%，而假如销售人员能运用符合客户心理的销售方式进行推销，那么，销售成功的可能性立马提升为53%。可见，在销售过程中，充分掌握客户的心理，能大幅度地提高销售业绩，让销售员事半功倍，能在最短的时间内将更多的产品卖出去。

很多时候，能否成功推销出去产品并不在于你努不努力，而在于你有没有找对方法，正所谓"方法不对，努力白费"，我们唯有对症下药，把握客户心理，找准客户痛点，才能掌握销售成功的秘诀。

为此，《心理学与销售策略》这本将市场营销知识和心理学原理相结合的工具书应运而生。在具体的销售活动中，如果你能够适当地、灵活地运用心理学的相关知识，那么对于吸引顾客，培养忠实的顾客，进而提高自己的销售业绩是大有裨益的。

这就是本书编写的目的——解决销售人员不知如何运用心理技巧的困惑。书中给大家提供了详实、丰富的案例和深入浅出的解析，指导广大读者如何把握客户的心理状态、挖掘客户的心理需求、赢得客户的信任、与客户进行心理博弈、如何解除客户的疑虑以及如何为客户提供更优质的服务等，方法简单易学，希望对广大销售人员有所帮助。最后，希望每一位销售工作者都能在自己的工作岗位上取得一番成就。

编著者

2022 年 10 月

目录
CONTENTS

▶ 第 01 章 ◀

突破客户的心理堡垒，让客户不再抗拒

降低销售目标，逐步让客户放松戒备　～　002
"物以稀为贵"，限制销售让客户主动购买　～　005
拿出可靠的证据，减少客户对产品的疑虑　～　008
展现敬业精神，从而赢得客户的认可和尊重　～　011

▶ 第 02 章 ◀

对症下药，不同类型的客户要采取不同的心理策略

时间观念强的客户——千万别浪费客户的时间　～　016
干练型客户——直截了当，避免拐弯抹角　～　019
沉默型客户——观察与引导，激发其购买欲　～　022
犹豫不决型客户——制造危机，敲定购买决定　～　024
感性型客户——以诚相待，以情动人　～　027
爱慕虚荣型客户——说点儿奉承话软化他的心　～　030

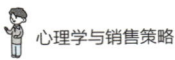

追求个性型客户——以产品的独特性为卖点，
　激发其兴趣　~　034

专制挑剔型客户——多沉默少说话，表达顺从　~　037

俭朴节约型客户——让其看到产品的性价比　~　039

▶ 第 03 章 ◀

掌握一些影响客户心理的技巧，帮助客户完成消费

利用不购买的损失，促使客户购买　~　044

制造偶然机会，刺激客户的购买心理　~　048

重复重要信息，让客户产生深刻印象　~　051

如何引导，让客户产生更多的消费欲望　~　054

引导客户不断说"是"，最终得出肯定的销售答案　~　058

▶ 第 04 章 ◀

销售沟通心理策略，三言两语间让客户心随你动

把好处说够，把坏处说透　~　064

抓住商品特色和卖点介绍，吸引客户消费　~　067

有效的提问，是销售成功的催化剂 ~ 071

客户总是找借口，销售员如何应对 ~ 075

▶ 第 05 章 ◀

把握细节，小事情做到客户心里才能快速成交

替客户保守住秘密，让客户认为你值得信任 ~ 080

悄悄记住客户的重要日子，表达对客户的重视 ~ 083

鞍前马后，随时记下客户的要求 ~ 086

电话沟通时让客户先挂电话，让客户感觉被尊重 ~ 089

▶ 第 06 章 ◀

心明眼亮，肢体语言中暗藏客户的意图

声音的变化也能传递客户心理 ~ 094

从客户的坐姿读懂客户的心理 ~ 097

眼神能最直接地反映客户内心 ~ 100

口头禅是如何泄露客户真实心理的 ~ 104

手势是客户心理倾向的自我展示 ~ 107

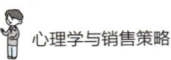

头部动作也能传递客户信息 ~ 111

习惯动作中透露出客户的情绪变化 ~ 114

► 第 07 章 ◄

掌握谈判心理策略，销售本就是一场心理博弈

选择有利的谈判地点，营造心理优势 ~ 120

步步为营，逐步完成你的谈判计划 ~ 123

让步，也要守住自己的"底线" ~ 127

谈判中拒绝客户要委婉，逐步引导 ~ 130

让客户始终觉得自己是大赢家 ~ 133

提出己方让步，也要有所回报 ~ 136

► 第 08 章 ◄

心理引导，试着让客户跟着你的思路走

服务周到，想方设法让客户依赖你 ~ 142

巧用对比，抓住客户的心 ~ 145

以退为进，让客户心随你动 ~ 149

适当沉默，让客户产生心理压力 ~ 152

骑驴找马：讨价还价来来回回，不必急于敲定价格 ~ 156

第 09 章
调动情绪，让客户的消费热情高涨起来

快乐心理，没有人会在痛苦时实现成交 ~ 162

控制情绪，始终给客户积极的一面 ~ 165

客户有个好心情，会加快购买进度 ~ 168

客户无理取闹，要用礼貌且恰当的方式处理 ~ 171

引导客户有个好心情，才能实现合作 ~ 175

第 10 章
了解客户消费心理，助你轻松赢得客户认同

逆反心理：适时刺激客户，让客户主动购买 ~ 180

从众心理：告诉客户产品的畅销程度 ~ 183

害怕上当受骗：要从根本上消除客户的顾虑 ~ 185

互惠心理：让客户看到他能得到的利益 ~ 188

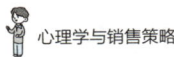

第 11 章
了解这些心理效应，让销售有规律可循

品牌效应：爱屋及乌，是人的共有心理　~　192

三分之一效应：客户在 1/3 处成交　~　195

军令状效应：不留退路，置之死地而后生　~　198

沸腾效应：激发客户更高的购买热情　~　202

踢猫效应：别让客户的心情被你的坏情绪影响　~　204

登门槛效应：先从提出一个小的要求开始，

　　慢慢实现成交　~　208

第 12 章
使用契合客户心理的语言技巧，获得客户信任和满意

为客户讲一个生动有趣的故事　~　214

尽量将晦涩难懂的专业术语以通俗的语言表达出来　~　217

向客户表达想法时，尽量让客户觉得是自己的主意　~　220

小小幽默，能融洽销售氛围　~　223

参考文献　~　227

第 1 章

突破客户的心理堡垒，让客户不再抗拒

降低销售目标,逐步让客户放松戒备

 销售实例

小周是床上用品的销售员。一次一位客户想要买床垫,小周先给客户介绍一种最差的,然后如实地告诉客户:"这种床垫质量很差。"客户摇摇头,表示不愿意买这种。

事实上,一般的床垫都要用七八年,所以,客户不可能买质量太差的。但是,听小周这么一介绍,客户心里对小周有了好感:"这个销售员,没有专挑贵的给我推销。"

这时候,小周又带客户来到质量和价位都中等的一款床垫前,对他说:"这款床垫质量很不错,差不多可以用20年。虽然有点儿贵,但是性价比高。"客户点点头,表示认可。

最后,小周让客户看了一款最贵的床垫,说:"这款床垫的质量最好,但是价格也最贵,不过用30年没有问题。"

客户折中了一下,选择了中间价位的那款。事实上,这款正是小周一开始就想推销给客户的。

第1章 突破客户的心理堡垒，让客户不再抗拒 　　　　　　　　　　　　　　　　003

 分析

　　面对客户的戒备心理，很多销售员无计可施，销售员越是想让客户买高价商品，客户越是不买。在这种情况下，销售员有必要将自己的目标放低一点儿。

　　● 不要马上将自己的推销目标暴露给客户

　　在销售过程中，销售员和客户在不断博弈。销售员想尽快把高价钱的商品推销给客户，而客户也知道这一点，所以对销售员的推销不屑一顾。在这种情况下，销售员要考虑如何打消

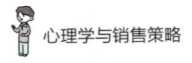

客户的防备心理。顾客对你没有防备了，你说的话才能被对方听进去。

• 通过比较来突出自己的目标商品

如果你所销售的产品价格很贵，那就找个便宜的和更贵的与之比较。即先给客户介绍便宜的，让客户紧绷的神经放松，然后告诉客户这个产品质量很差，那么客户就不可能买。这时候，你再集中精力介绍你准备销售的产品，当然不能夸大其词。当你介绍完之后，客户会觉得质量没问题，但价格有点儿贵。这时，你再介绍个更贵的，相比之下，你突出销售的产品就显得质量好且价格适中，客户自然会选择这个产品，而且客户会觉得这是自己选择的，没有受销售员的影响。

在和客户的心理博弈中，销售员可将销售目标放低一点儿，在打消了客户抵触心理的前提下，用质量和价格相对极端的商品与目标商品比较，让客户自己选出销售员预期的商品。

当然，在具体的实践中，销售员还要注意，对于一些高档商品，介绍陪衬商品的时候，要先介绍价格贵的。因为客户认为高档消费品的价格就应该贵。如果先介绍低价商品，往往会让客户觉得销售员看不起自己，从而产生不悦情绪。相反，在介绍一些实用商品的时候，要多从低价位开始介绍，因为选购这种商品的客户追求的是质量，而不是品位。介绍过高价位的商品，不但消除不了客户的抗拒心理，反而会把客户吓走。

"物以稀为贵"，限制销售让客户主动购买

销售实例

刘杰在某个电器商城做销售。近来处于销售淡季，接连好几天都没有卖出去一台电器，这让他非常着急，于是去请教销售经理。销售经理给他出了个主意，那就是限量销售。

当刘杰把限量销售的牌子打出去后，果然吸引了很多客户，当天就销售了三台电视，两台冰箱。尽管店里的电器积压成山，但是刘杰依然坚持每天限量销售，每家每户只能购买一台同类电器。

尽管很多电器每家也只需要一台，但是刘杰的广告打出去后，吸引了不少的顾客。就这样，在短短半个月时间内，刘杰将滞销在店内的电器都卖了出去。

这种限量版销售激发了很多客户的好奇心理，人们都想知道这家电器商城有什么特别的地方。事实上，出于逆反心理，

很多客户本来只想买一台,但是听说是限购的,就觉得再买一台其他类型的电器也是合算的。

 分析

从上面的故事中我们了解到,商品会随着数量的减少而价值增加。客户觉得商品多,就没什么珍贵之处,所以对商品不感兴趣。但是如果这个商品只有几件,或者只卖一天,那么客户会立刻产生兴趣,因为如果错过这个购买的机会,就意味着以后都买不到了。可见,限制商品数量的销售对客户是个极大的刺激,所以,销售员要适当运用这个策略来调动客户的购买积极性。

- 设定消费数量

通常情况下，客户觉得商品多的是，所以不会着急去买。但是如果销售员告诉客户，每个人只能买一台或者两台商品的时候，客户被限制了购买数量，就会觉得是不是商品不多了呢？既然不多了，要是被别人买走了，我就买不着了。所以，当商家打出限量销售的广告时，往往能刺激客户购买。

- 设定消费时间

在生活中，我们常常能看到店铺打出这样的口号："打折了，最后三天。"设定了促销的时间，无疑是告诉客户，三天后你就享受不到这种优惠了，就要涨价了。对于客户来说，三天前买能省下一部分钱，三天后买就要多掏一部分钱，客户自然愿意抓住这个机会。所以，销售人员如果觉得客户有购买的需求，但是迟迟不作决定，那么，不妨运用一下这种策略，将客户的消费欲望调动起来。

- 设定消费条件

按理说，不设置条件，客户就没有消费积极性，设置了条件，客户应该更加不会购买了。但事实恰恰相反，当设置了购买条件之后，客户的消费积极性明显地增强了很多。这是因为没有设置购买条件的时候，每个人都能买，而设置了购买条件之后，很多客户有钱也买不到，于是他们的心理不平衡感会促

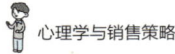

使他们想方设法地购买。所以,销售员如果想要某一些客户群购买你的商品,不妨故意把他们排除在外,调动他们内心的购买欲望。

拿出可靠的证据,减少客户对产品的疑虑

 销售实例

　　王晓鹏是暖气片公司的销售员,被公司派到东北开发市场。王晓鹏刚到那里,就被安排了一个业务要谈。

　　客户是一家房地产开发公司的总经理,姓王。王晓鹏见到王总后,王总对他非常热情,等王晓鹏介绍完公司的暖气片,王总沉默了一会儿,直接说:"我们确实需要一批质量合格的暖气片,但是我根本没有听说过你们公司。坦白说,我对你们公司缺乏信任。你如何才能让我相信你们公司的实力呢?"

　　王总的爽直让王晓鹏很惊讶,他马上拿出公司营业执照的复印件和公司宣传页给王总过目。

看了相关资料后,王总心头的疑虑打消了。他笑呵呵地说:"你们公司的资质没有问题,但是究竟要不要与你们合作,我还需要考虑一下,你先回去,回头我给你打电话吧。"

王晓鹏临走的时候,从王总那里要了一张名片。他知道王总这么说肯定是有合作的意愿的,否则就不会看他们的材料了。

 分析

客户要合作,先要保证合作的安全性。所以,客户对第一次上门的销售员有疑虑也是可以理解的。事实上,销售员如何让客户对自己和自己所在的公司有个初步信任是进一步合作的基础。

- 向客户出示公司的营业执照

营业执照是公司存在的证明。客户要与销售员合作,必须

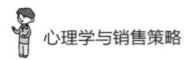

确认眼前的这个人是否真的是公司职员，他所代表的公司是否真的存在，就算存在，公司是什么规模，这些问题是客户与销售员合作之前必须了解的。所以，销售员在第一次拜访客户的时候，要带上企业营业执照的复印件，因为营业执照能很好地证明公司的合法地位。

• 向客户出示公司的宣传页

公司为了做好自身的宣传，一般都会制作一些企业的宣传页，内容包括公司的基本信息和服务范围，这是公司整体形象的展示窗口。所以，销售员在拜访客户的时候，一定要把公司的宣传页及时拿给客户，让客户对公司有一个基本的了解。所以，销售员一定要随身带着企业的宣传页。

• 向客户出示名片和胸卡

销售员在拜访客户的时候，一定要佩戴企业配发的胸卡，因为胸卡能证明你是企业的员工。除此之外，销售员要记得把自己的名片留给客户，而且，销售员递名片的同时也是向客户索取名片的最佳时机。因为有了名片，彼此联系起来就会方便得多，这是业务合作的起点。

展现敬业精神，从而赢得客户的认可和尊重

 销售实例

以前，在美国标准石油公司有一个推销员叫阿吉。起初，他只是一名普通的推销员，但是后来却荣任标准石油公司的第二任董事长，是他的敬业精神为他赢得了这个职位。

当时，公司的宣传口号是"每桶4美元的标准石油。"所以阿吉在任何时候都用这个口号不断暗示自己。后来，他在自己签名的文件、书信或收据上，签名后都会缀上"每桶4美元的标准石油。"渐渐地，同事们都叫他"每桶4美元的标准石油"，而忘记了他的真名字。

一次偶然的机会，时任董事长的洛克菲勒听说了这件事情，于是他找到阿吉，问道："你为什么要这么做呢？"阿吉回答说："这不是公司的宣传口号吗？我多写一次，就多一个人知道，也许就能赢得一位客户，如果这样长期坚持下去，我们的客户就会越来越多。"

后来，洛克菲勒退休的时候，特意指定让阿吉做了第二任董事长。

 分析

从这个故事中我们了解到,一个敬业的人是很容易赢得他人的尊敬和爱戴的,因为一个对工作认真负责的人,对待生活和朋友也会认真负责。一个人的态度决定一个人的成就。所以,销售人员要敬业,从而赢得客户的认可和尊重。

• 要有不到黄河心不死的执着精神

作为一名销售员,被客户拒绝是经常的事情。当你被客户拒绝的时候,千万不要灰心,不要丧气,销售就是从拒绝开始的,所以,你要执着一些。对方拒绝你,肯定是你什么地方做得不到位,那么改正过来再去找客户。很多时候,客户因为你的执着、认真、敬业而尊敬、认可你,愿意与你合作。所以,作为一名成熟的销售人员，执着的精神是必不可少的。

● 要有不怕苦、不怕累的奋斗精神

销售是个非常辛苦的工作，哪里有客户，哪里就应该有销售人员的足迹。所以，吃苦耐劳是销售人员必备的基本素质。客户会因为你冒着大雨前来拜访而备受感动，会因为你风尘仆仆地赶来而立即和你签合同。你的付出会让客户真心实意地佩服，从而更加信任你，愿意与你合作。

第 2 章

对症下药，不同类型的客户要采取不同的心理策略

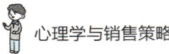

时间观念强的客户——千万别浪费客户的时间

 销售实例

一次,公司派小王去跟一位房地产商谈安装电话的业务。当小王来到会客厅门外时,房地产商正在和一个业务员谈话,只听业务员在不断地陈说他们的服务,房地产商时不时地说:"要点,要点。"然而,业务员还在不停地说,房地产商打断他说:"好了,好了,你说的我明白了,回头我联系你吧。"

第2章 对症下药,不同类型的客户要采取不同的心理策略 017

业务员走后,小王走了进去,打过招呼后,简明扼要地说了相关重点,然后就没再说话,房地产商望了他一眼,笑着说:"好,小伙子够直接,回头你直接让技术人员过来给我们安装吧,把合同拿出来,我给你签字。"

分析

客户不愿意浪费自己的时间听无关紧要的话,所以,销售员一定要言简意赅,在最短的时间内,把问题解决。

时间就是金钱,对于生意人来说,节省时间就是赚取金钱。对于时间观念强的客户,销售员一定要学会为他们节省时间。

• 提前做一个详细的计划表

一位成熟的销售员,在拜访客户之前都会做一个详细的拜访计划表,先做什么,后做什么,想要解决的关键问题是什

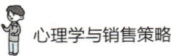 心理学与销售策略

么，一目了然，清清楚楚。这样和客户交谈起来就会思维清晰，不仅大大节省了客户的时间，还使拜访的效果大大增强。

• 交谈时言简意赅

在与时间观念强的客户沟通的时候，尽量用最少的语言把主要意思表达清楚。销售员要不断加强思维的逻辑性，尽量将话说得简单易懂、简明扼要。

• 戴块手表

在拜访客户时戴块手表，无形之中告诉客户，自己是一个时间观念强的人，不会浪费时间。这样一来，就会在心理上给客户留下一个好印象，同时，戴手表可以随时注意和客户沟通的进度。如果不戴手表，就要时不时地拿手机来看，这对于客户来说是极不尊敬的行为。如果遇到的是位斤斤计较的客户，那么你的这个不雅动作会直接导致合作失败。所以，销售员要注意拜访中的每一个细节，不要因为一些微乎其微的细节丢掉合作机会。

• 一定要守时

一般情况下，销售员约了客户之后，一定要提前半个小时到达见面的地方，不要让客户等你。尤其是对一些时间观念比较强的客户，客户等你一分钟就意味着合作的可能性少一分。如果临时有事不能赴约，应该提前打电话告诉客户，并向对方真诚道歉，以求获得对方的理解，为下次约见做好准备。对于

销售员来说，如果不是太重要的事情，不要随便迟到，更不要随便取消约定，否则会让客户觉得受到了轻视，进而失去合作的机会。

干练型客户——直截了当，避免拐弯抹角

 销售实例

张强是某公司的销售人员，这次公司派他去谈一个业务。

张强走进客户的办公室，礼貌地和客户握了握手，便开始滔滔不绝地讲起来："最近的世界杯足球赛实在是太精彩了，尤其是荷兰和西班牙的那场决赛太值得一看了。西班牙队在场上占据了绝对的优势，但是荷兰队的防守也是密不透风的。"

客户一脸茫然地点了点头，没有说什么。张强见客户不说话，于是赶紧转换话题，谈到了生活的方方面面，绕了一个大圈子才开始介绍自己推销的产品。面对张强的啰唆，客户忍无可忍地打断了他，说："好了，我要开始忙了，你出去吧。"就这样，张强没有获得任何有用信息就被赶出来了。

 分析

干练型客户说一不二，不喜欢绕圈子。对于干练型客户，不妨开门见山地把你想说的话都说出来，让对方明白你想要什么，对方如果觉得可以接受，便会直接与你合作。所以销售员要学会因人而异，用客户的思维方式与之沟通和交流，从而缩短你和客户的心理距离，为最终的合作赢得心理优势。

● 尽可能多地掌握客户信息

干脆利索是干练型客户的做事风格。销售员在拜访他们之前一定要多查找相关的资料，包括客户的性格、脾气、做事风格和方式方法等。销售员掌握的信息越多，在交流中越有主动权。干练型客户不会给你现场学习的时间和机会，与他们交谈，能不说的话不说，必须说的话要突出重点，有逻辑性，要本着解决问题的想法去交流，切不可胡乱套近乎，以免让对方心生厌恶。

● 保持干练的形象，赢得好感

销售员在拜访客户之前一定要将自己的形象打扮得干练一些，缩短与客户的心理距离。比如，销售员可穿着深蓝色的西装，打上领带，擦亮皮鞋，整理好头发，面带微笑。而且，说话时要看着对方的眼睛，注意力高度集中，用简单的话将产品的优点和特点说明白。如果要演示产品，力求简单，突出重点。如果觉得客户有合作意向，要及时拿出合同，现场签订。

● 履行承诺，言出必行

与干练型客户打交道，一定要信守承诺。答应办的事情一定要按时办到，如果临时有变化，也要尽量办到。如果因为某些原因使承诺的事情有所拖延，客户会觉得你办事不爽快、不干脆，从而对你产生反感。

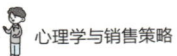

沉默型客户——观察与引导，激发其购买欲

 销售实例

小赵在某大型商场做化妆品促销。

一天，小赵遇到了一位非常难沟通的顾客，不管小赵说什么，对方就是不理不睬，只是拿着化妆品看来看去、一言不发，似乎根本没有听见小赵说的话。

万般无奈，小赵赶紧去找销售主管请教。

分析

遇到沉默型顾客，就算销售员滔滔不绝，对方也不会说一句话。实际上，他们是不想说话，以免让销售人员影响自己的决策。所以，销售人员遇到这类顾客，不要试图从他们嘴里问出什么。

沉默型顾客大体分为三类：口才不好、不善交谈者，不愿交谈者，态度冷漠者。面对这三类顾客，沟通方法有所不同。

- 对于口才不好的顾客，要多引导

对于口才不好、不善于和他人沟通的顾客，销售人员要多加引导，一个一个问题地问，并且要越问越深。一般情况下，这类顾客会告诉你他的真实想法，而且，他们一般不会和销售员谈质量或挑毛病。所以销售员在和他们交流时，一定要知晓他们的真实想法，然后想方设法地满足他们的心理需要。

- 对于不想交流的顾客，要多观察

一般情况下，不想说话的顾客只是不想让销售人员影响自己的购买活动，但他们在认真听销售员所说的话。面对这样的顾客，销售人员就要仔细观察他们，探知他们的心理，然后主动迎合和满足他们的心理需求。

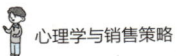

- 对于情感冷漠的人，要调动其热情

情感冷漠的人并不是说生活中情感冷漠，而是在面对销售员时表情麻木而冷淡。这类顾客一般都认为销售员就是盯着顾客的钱，销售员介绍的一般都是价格高、利润大的产品。对于这类顾客，销售员一定要耐心服务，改变对方对销售员的厌恶心理，要用真诚去获得对方的理解和认可。当顾客真正感受到你的那份真心时，自然会对你有好感。

犹豫不决型客户——制造危机，敲定购买决定

 销售实例

老李是橡胶厂的总经理，这天一大早，老李去见一个非常重要的客户，见面时对方非常热情，入座之后，老李将公司的产品说明书给客户作了详细的介绍，还将公司的各项合作政策向对方说明。最后，在向对方征求合作意见的时候，客户非常爽快地说：下个礼拜就签合同。

但是，等了一个星期，老李再次打电话询问时，对方说已经和别人合作了。

分析

有些客户办事优柔寡断，没有自己的主见，考虑问题的时候总是盯着坏的一面。客户找借口，需要多了解产品可以理解，但是最怕客户没有主见。因此，面对优柔寡断的客户，如果谈得好，就要快刀斩乱麻，促使对方早作决定，以免夜长梦多。

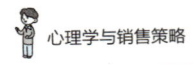

- 假定客户已经和你达成合作

当你介绍完产品，对方表现得犹犹豫豫的时候，你可以假定客户已经同意与你合作了，然后，拿出两个合作的方案让对方选择。这样客户就不会在合不合作的问题上犹豫，而是在如何合作上作选择。

- 帮助客户作决定

一些客户认可你的产品，也打算与你合作，可就是迟迟不与你签合同，总是在一些模棱两可的小问题上犹豫。这类客户或者是想通过这种方式获得更多优惠，或者是对一些问题还不是很明白。为此，销售人员要耐心细致地消除客户的所有疑虑，促使客户尽早签合同。如果客户是想要获得更大的优惠，那么，在条件允许的情况下不妨牺牲小利益，获得大利益。但是如果条件不允许，就要严肃地告诉对方，让对方趁早打消念头。对方知道不会再得到什么优惠，自然就会签合同。

- 要用欲擒故纵的策略

有些客户做事犹犹豫豫，虽然各方条件都已成熟，但就是不愿尽早签合同。这种情况下，你不妨装出一副不签合同就不再合作的样子。一般情况下，那些真想与你合作的人自然不会让你走，而是会迅速作出决定，签下合同。但是也有一些客户就是不买你的账，所以，表达情绪也要看时机。

- 放低姿态

有些客户对产品很满意，也有合作的打算，但是因为对销售员本身有意见，所以迟迟不愿意作决定。在这种情况下，销售员不妨放低姿态，以一种谦虚的语气真诚地向对方求教，让客户告诉你什么地方做得不到位。这样一来，客户的虚荣心得到了满足，就算对你再有意见，也不好意思继续与你对抗，而会和你签下订单。

感性型客户——以诚相待，以情动人

销售实例

小军是可口可乐公司的销售员，他平日里沉默寡言，却是销售团队的冠军。

原来，小军虽然口才不好，却用实际行动征服了客户的心。每天他都会早早地赶到客户那里，帮他们扫地、擦桌子、打扫卫生，久而久之，客户被他的真诚所感动，自然就成为他忠实的客户了。

有一次，小军到一位经销商那里去推销产品，正值中午，因为停电,客户汗流浃背地沉睡着,小军拿起扇子,一边扇凉,一边耐心等待。客户睡了两小时,醒来后,被小军的行为感动不已。从那之后,这位经销商就成为小军最忠实的代理商。

分析

客户不是因为销售员能说会道而认可他,而是因为销售员的真诚感动了客户。人非草木,孰能无情。当客户被销售员帮助、关心的时候,会在心理上形成一种弱势、一种亏欠心理,总想报答对方,而与销售员合作就是最好的报答方式。所以,销售员可用自己的行动让客户形成这种心理弱势,从而完成销售的任务。

情感是打动人心的金砖。再难攻克的客户，只要你用心去做，用真情去感化，对方迟早会成为你的忠实客户。

- 从细微的小事上做起

有时候，往往越是细微的小事越能打动客户的心，如果你连鸡毛蒜皮的小事都能为客户想到，那么，客户遇到大事首先会想到你。生活中的很多小事，并不需要销售员额外地支出时间、精力以及金钱，只要你用心，一点一滴地去做，时间久了，客户自然会被你的真情所感动。

- 多为客户着想

作为一名销售员，要学会换位思考。如果你所销售的产品你自己能接受，那么，客户基本上也能接受。因此，在向客户推销之前，你一定要思考，你的产品能让客户获得利润吗？利润是多少呢？真心实意地站在客户的立场上考虑问题，客户不会不买你的账。

- 管好客户的钱袋子

作为一名销售人员，你赚取的利润基本出自客户的支持，所以，你赚钱了，也要让客户赚钱。实际上，帮助客户赚钱的最好办法就是帮助客户理财，尽最大努力帮助客户省钱。如果你真心实意地帮助客户省钱、赚钱，那么，客户是不会拒绝

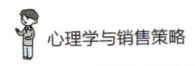

你的。

- 真诚地关心、帮助客户

客户也是有感情的。只要销售员一心为客户着想,那么,你为客户付出多少真情,客户就会回报你多少真情。所以,销售人员要想获得大订单,就要对客户付出足够多的真情,因为只有这样,才能获得更大的利润。

爱慕虚荣型客户——说点儿奉承话软化他的心

销售实例

小A身材特别好,一次,她去一家服装店买裙子,试了很多款式,总觉得不合适。小A站在镜子前感叹道:"怎么就没有一件适合我的呀。"

这时候,专卖店的老板走上前去,笑着说:"怎么了,美女,你身材这么好,穿什么衣服都会好看的,试试这件吧,或许更适合你呢。"说着拿来一条连衣裙。

小A拿过裙子,进了试衣间。换好裙子后,小A站在镜子前不断地照来照去,脸上露出了满意的笑容。这时候,老板说:"你穿上这条裙子真是太漂亮了,跟电影明星似的。"

小 A 一边暗自高兴,一边谦虚地说:"哪里,哪里,老板过奖了。"说完,付了钱,高高兴兴地走了。

分析

当听到他人的赞美时,人们一般都会心花怒放,尤其是那些虚荣心比较强的人。在这种情况下,满足对方的虚荣心就能征服和俘获对方的心。所以在销售的过程中,对于那些爱慕虚荣的客户,销售员不妨多说些赞美和恭维的话,来赢得客户的青睐和认可。

既然客户喜欢听赞美,那么,作为销售员一定要会说。但

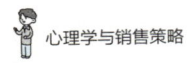

是，说奉承话也是一种能力，有的人说奉承话可以赢得客户，而有的人拍马屁却丢掉了客户。

- 赞美他人要以事实为依据

在赞美他人的时候，一定要以客观事实为依据，不能乱说一通。如果赞美对方根本没有的特点或优势，不但不会让对方心里舒服，反而会让他觉得你是在讽刺和挖苦他。所以，作为一名成功的销售员，一定要多注意观察和聆听，在赞美他人的时候，不符合事实的事情千万不可乱说。

- 赞美他人要有个限度

当你赞美他人的时候，要有个度，不能赞美起来就没完没了，让接受赞美者浑身起鸡皮疙瘩，也不要不分场合地恭维、赞美他人。你如果过多地恭维他人，就会给客户留下一个油嘴滑舌的坏印象，当你下次恭维他的时候，对方不但会不高兴，还会觉得很虚伪。所以，要想让自己的恭维和赞美发挥最大的效力，就要珍惜自己的赞美，适当赞美他人。

- 赞美的态度要真诚，要发自内心

销售员在赞美客户的时候，态度上一定要认真、要真诚，说出来的每句话都让客户觉得是你的真心话。客户只有觉得你是真诚地赞美他，他才会开心，才会高兴。如果销售员不注意说话的语气，就可能让客户觉得你有轻佻和嘲笑他的意思，客户自然会不高兴。所以，销售员在赞美客户的时候，态度要温和一些，要用肯定的语气，要面带微笑，千万不可以笑出声来，尤其不能捂着嘴笑，因为大声笑和捂着嘴笑一般都会传达负面的信息。除此之外，也不要在表情和眼神上有怪异的表现。人与人之间的感觉非常奇妙，但是只要你真诚地赞美客户，对方是能感觉出来的。

- 赞美的技巧要高超，要画龙点睛

销售员要善于发现客户身上的闪光点，要赞美客户最关注的方面。否则你说了半天，没有说到关键，客户自然不会高兴。比如，你的客户是一位漂亮的美女，对方不但长得漂亮，而且身材好，气质也很好，还非常时尚。此时自然不能每一点都赞美，这样不能够突出对方的优势。一般情况下，要赞美对方漂亮，因为女孩子最关注的还是自己的长相，而漂亮不仅指长相好，在一定程度上还囊括了其余几点。所以，销售员在赞美客户的时候，一定要有重点，要将客户最关注的优点赞美出来。

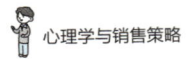

追求个性型客户——以产品的独特性为卖点，激发其兴趣

销售实例

小杨是印刷厂的销售员。一次，公司派他去见一位文化创意公司的老板。到了客户的办公室，小杨感到非常别扭。这位老板穿着非常随便，一边工作，一边听着音乐。而小杨穿着西服，打着领带，与周围的环境格格不入。

入座后，还没等小杨开口说话，老板就拿出一盘西瓜，邀请小杨品尝。平日里习惯了一本正经的小杨，顿时不知如何是好。老板笑呵呵地说："小伙子，让你吃西瓜，你紧张什么啊？放心吧，不收费的。"这句话说得小杨挺不好意思的。

吃完西瓜，小杨开始介绍业务，刚说两句，老板就打断说："行了，行了，小伙子，你把资料放到一边吧，回头我抽个时间看一看，你这样说，我记不住。"

小杨无可奈何，只好道别，退出办公室。

分析

客户并不都是千篇一律，有些与众不同的客户，按照普通的销售方式无法打动他们。为此，销售员不妨想一些个性化的交谈模式与合作方式，从心态和行为上去迎合客户。

一些追求个性的客户做事情往往不会按部就班，他们喜欢以自己的方式去生活和工作。销售员遇到这样的客户，千万不要循规蹈矩，以免让客户觉得你是一个没有想法的人，从而轻视和远离你。

- 将谈客户想成是交朋友

一般追求个性化的客户都很随性，只要是他们喜欢或者觉得好的事情，就会去做，不会有太多的顾虑。所以，销售员在与他们接触之前，要丢掉社会的固有思维模式，从客户的需求出发，把和客户沟通当作是与朋友聊天。只要客户觉得高兴，不妨顺着他们的意思。只要客户能与你合作，你就算销售成功了。

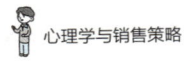

- 沟通的时候不要有太强的功利性

追求个性的客户一般会把工作当成一种消遣，不会太注重功利性。所以，销售员在拜访他们的时候，不要一见面就谈产品的质量或者价格，这样会让客户觉得你是一个为了交易而存在的机器，而不是一个活生生的人。和他们交谈，可以多谈一些贴近生活的话题，在友好轻松的环境中沟通交流，等彼此心里没有防备之后，客户自然愿意与你合作，而不会过多地计较产品的价格和质量。要和追求个性的客户长期合作，销售员也可以学得个性一些，让客户觉得你是个知己，那么，合作的事情就好办多了。

- 多样化沟通

追求个性的客户做任何事情都有自己的想法，所以，销售员在与他们沟通时，一定要别出心裁，符合这类客户的心理需求，赢得他们的好感。比如，改变见面的地方，不要每次都在对方的办公室。只要让客户觉得你的生活是丰富多彩的，你不仅会工作，还会生活，客户就会打心眼儿里欣赏你。征服了对方的心，自然就容易达成合作。

专制挑剔型客户——多沉默少说话，表达顺从

销售实例

张羽是某锅炉设备厂的业务员，一次，他向一家大型企业推销锅炉设备，价格是 300 万元。他刚把来意说明，对方就开始喋喋不休地说张羽所推销的锅炉存在很多问题，而实际上，客户所说的很多问题根本就不存在。

张羽内心非常恼火，但是他忍着没爆发，任由客户不断地发牢骚。最后，这位客户似乎也说累了，就说："像这么糟糕的锅炉，我顶多出 250 万元，再多一分钱也不会出。"于是，张

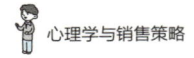

羽顺利地拿下了这笔生意。

分析

从上面的故事中我们了解到，客户有时候非常专制，不容销售员反驳。这时候，销售员只需要保持沉默就可以了，无须在意客户挑毛病和找缺点。只要最终能合作，不妨在气势和言语上让着他们。

有时候，一些专制型客户非常霸道，会向销售员提各种无理的条件和要求，事实上，他们只是想在气势上压倒对方，以满足自己的优越感。

- 要充分满足客户的控制欲

一般情况下，专制型客户习惯于控制他人，跟他人沟通的时候，总是一副居高临下的态势和腔调，使销售员感觉压力很大。但是，作为销售员的你要知道，和客户沟通的目的是要与对方合作，所以你要控制一下自己的情绪，只要客户和你签合同，买你的商品，你就算胜利了，至于形式和过程，则不必太过计较。

- 解说产品问题的时候，一定要有充分的理由

由于专制型客户不会轻易改变自己的决定和想法，也不会轻易地接受他人的建议和意见，所以，在去洽谈业务前，销售

员一定要做好充足的准备，找个有说服力的理由，否则对方不会轻易跟你合作。

- 要肯定他们，不要轻易反驳

专制型客户一般都非常顽固，他们认定的东西一般很难改变，即使是错误的。所以，在和他们沟通时，要顺从并肯定他们，即使对方的说法不妥，也要点头表示认可，千万不要站出来和他们论是非、辨真假，因为他们往往都是以自我为中心，不容许他人有异议。所以，销售人员一定要学会顺从、忍耐。

俭朴节约型客户——让其看到产品的性价比

销售实例

王玉是一家电脑销售公司的销售员。最近，她碰到了一位非常节俭的客户。对方是一位作家，需要一台电脑来提高工作效率，希望购买品牌机，但和王玉谈了好几次，都谈不妥。

后来，王玉向销售经理请教这个问题。在经理的指点下，王玉拨通了客户的电话。在电话中，王玉说："我们的产品技

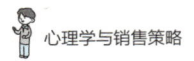

术含量高，功能比一般的电脑要好很多，而且我们的产品低耗能，用电量只是一般电脑的一半，更主要的是我们的售后做得很到位，一般都会保修三年，在这三年之内，出了任何问题，都可以免费为你维修。相比而言，不但能保证使用的质量，后续还能节省一大笔电费和维修费。这也是一笔不小的钱哪。"

客户听后，沉默了一会儿，说："那你明天过来签单吧。"

分析

俭朴节约型客户并不是舍不得花钱，而是要把钱花得物超所值。所以对于这类客户，要适当给他们一些优惠，满足他们的这种心理，他们自然会成为你的忠实客户。

● 强调一分钱一分货

俭朴节约型客户希望物超所值，所以就会千方百计地压低价格。销售员在和客户沟通时，一定要强调只有一个价格，无论如何不能再低。价格高，那是因为产品的质量好，售后服务好。要给客户讲清楚，与其买价格便宜、质量不好、没有售后保障的产品，还不如买质量好、售后好、价格高一点儿的产品，因为比较下来，价格高的产品性价比也高。这样他们会明白怎样选择最划算。

• 强调商品的质量

价格对于俭朴节约型客户来说，无疑是选择消费的关键因素。所以，销售人员在与客户沟通时，要强调质量，强调性价比。只要你的产品对客户有实实在在的诱惑力，那么，客户会对你的产品感兴趣的。

• 用数字说话

俭朴节约型客户看的是实实在在的好处，所以销售员要用数字说话，因为数字能清楚明白地告诉他们，究竟能省下多少的钱，到底如何选择更划算。

第 3 章

掌握一些影响客户心理的技巧，帮助客户完成消费

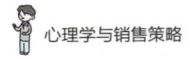

利用不购买的损失，促使客户购买

销售实例

销售员王魁专门负责防盗门的销售业务。这天，他给客户打电话推销防盗门。

王魁："刘先生，据我所知，你所在的欣华小区有一半的人家安装了防盗门，而且，小区的盗窃率降低了11个百分点，我相信你对小区的安全一定也是很关注的。"

客户："是的，小区的安全关系着我们每个家庭的安全，我自然很关注。"

王魁："不知道你周围的人家有没有发生过盗窃事情呢？"

客户："好像去年王奶奶家丢失了两台笔记本电脑。"

王魁："两台笔记本电脑少说也值一万多元，真是一笔不小的损失呢。"

客户："是呀。"

王魁："那你应该装我们公司的防盗门呐，装了防盗门就可以避免这样的事情发生。"

客户:"但是我对你们的产品很陌生啊。"

王魁:"这样啊,那我过去给你详细地介绍一下,你看是明天上午 10 点方便呢,还是后天下午 3 点合适呢?"

客户:"明天早上 10 点吧。"

王魁:"好的,那我们明天见。"

分析

客户对不购买产品所产生的损失有很大的恐惧心理,没有人提及的时候,客户根本意识不到。当销售员将这样的损失联

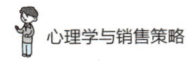

系到客户身上的时候，客户才真正觉得销售员推销的产品值得购买。

把不购买产品带来的损失和客户的实际利益联系起来，利用客户的恐惧心理，可以在一定程度上激发客户的消费需求，促使客户与销售员合作。

• 最好举客户熟知的反面例子

一般情况下，当某件事情发生在自己身边的时候，人们才会感觉到此事与自己有关，这种近距离的冲击能给人带来真实感。所以，销售员在和客户沟通的时候，所举的例子应尽可能是客户熟知的事情，这样才能触动客户的神经。当然，客户并不全是销售员的熟客，有些甚至还没有见过面。那么，如何才能知道客户身边到底有没有发生过值得客户关注的事情呢？销售员可以通过询问的方式从客户嘴里了解信息。一般情况下，销售员问得合适，客户不会拒绝告诉你真实的情况，从客户嘴里说出来的自然是客户关注的事情了。销售员恰当地应用这个事例说服客户，客户一般都会顺着销售员的思路走，继而离合作越来越近。

• 着重强调造成的损失和伤害

销售员利用反面例子说服客户消费的时候，一定要着重强调事情对当事人造成的损失和伤害。一般的反面事例都是从客户的嘴里说出来的，因此，客户最清楚事情对当事人造成的损失和伤害。所以，只要销售员一说，客户就会很敏感地把想要远离这种损失和伤害的情绪透露给销售员，这时候就是销售员进行说服的最佳时期。因为这时，客户有了购买和合作的理由，那就是不想受到损失和伤害。实际上，销售员在提及伤害和痛苦的时候，是对客户进行了精神上的恐吓，尽管销售员并没有在言语上直接表达，但是客户却真真实实地感受到了。所以，为了避免一切不好事情的发生，客户只有和销售员合作。

- 注意沟通的方式，不要和客户发生对抗

有些销售员性子急，在和客户沟通时，不注意说话的方式，在用反面例子来说服客户的时候，和客户产生了对抗情绪，从而导致说服失败。所以，销售员在用反面例子说服客户的时候，一定要注意说话的用词和语气。既然对方告诉你身边的事情，那他一定是想和你沟通，这个时候，你要态度诚恳一些，让客户觉得你是实实在在地为他考虑、为他担心，切忌用教训人的语气对客户进行质问。

制造偶然机会，刺激客户的购买心理

销售实例

周末，黄莺拉着好朋友去逛街，当她们走进街边某个商场的时候，黄莺被某商家举办的"夏季派对"活动深深地吸引住了。据销售员说，在活动期间，所有的服装都是打八折的。看到平日里要好几百元才能买到的裙子，一下子便宜了这么多，这对黄莺来说是个不小的诱惑。

而且，销售员还告诉黄莺，今天是活动的最后一天，要是今天不买的话，可能就没有机会了。看着漂亮的裙子，黄莺暗自庆幸，幸亏今天来了，要不然，再买要多花不少钱呢。

分析

客户对偶然遇到的优惠活动都会暗自庆幸。所以，销售员要多举办一些这样的活动，多给客户创造一些偶然的机会，并抓住客户的这种心理，促使客户积极地消费。同时，人人都想获得特权，客户也是一样。所以，很多商家故意设置很多特殊的消费权限，满足客户的这种心理。

• 强调活动的要求和准则

销售员为了促销，设置的偶然性活动，一定要强调参加活动的要求和准则。很多时候，客户想参加这样的活动，必须对活动要求有一定了解，所以，销售员在宣传的时候，一定要对客户讲明白参加活动的要求。比如，购买满1000元的客户可以免费抽奖，或者是60岁以上的老年消费者有资格获得商家免费提供的蛋糕等。尽管这样可能不会给客户带来多少实际的利益，但是只要是个机遇，人人都想抓住。在这个时候，销售员的帮助，对于客户来说就显得尤其重要。但应该注意的是，销售员在讲解的时候，一定要讲解清楚要求和准则，在具体实施过程中，也要公正，以免与客户发生不必要的争执，给促销活动带来恶劣的影响。

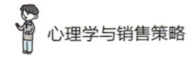

- 强调活动为客户带来多少实惠

客户之所以积极地响应和参加活动，主要是因为活动能够给自己带来实惠。要么能获得免费的赠品，要么能打折购买。所以，销售员在满足客户想要获得偶然机遇的需求的同时，更要满足客户想占便宜的心理。另外，在劝导客户参加活动的时候，一定要明确地告诉客户参加活动能为他带来多少实实在在的优惠，能为客户省下多少钱。客户自然会算账，有这么好的便宜怎么能不占，更何况这样的机会不是谁都能碰到的。所以，销售员一定要抓住客户的这种心理，积极地诱导客户进行消费。

- 强调机遇的偶然性

销售员在和客户洽谈的时候一定要告诉客户，这样的机会不是每天都有，不是每个人都能碰到，诱导客户想到买不到产品后的后悔和惋惜，从而及时参加到这种促销活动中来。还有一些客户觉得这样的活动随时都有可能举行，或者是各个厂家都争先恐后地举行，所以对销售员的促销不以为然。遇到这样的客户，销售员就要想方设法地让客户丢掉原先的那种想法，必要的时候，对这样的客户冷淡一些，也许客户反倒会主动参与到促销活动中来。

重复重要信息，让客户产生深刻印象

销售实例

杨娜是某广告公司的销售员。一次，公司派她去拜访一位非常难缠的客户。

杨娜在总经理办公室见到了客户王经理。王经理对杨娜的态度非常冷淡，当杨娜介绍广告的时候，王经理只是冷笑了一声，继续低头忙自己的事情。杨娜被晾在一旁，没办法，只好很无奈地走了。

过了三天，杨娜又来到王经理的办公室，再次详细地介绍了一遍产品信息，对方依旧没有任何反应。但是，杨娜明显地感觉到对方态度上的微妙变化。临走时，杨娜把一份广告合作的宣传册放在了王经理的办公桌上，王经理似乎并没有生气。

过了一个星期，杨娜再次走进王经理的办公室。王经理笑呵呵地和杨娜聊了一会儿，就借口离开了办公室，但是杨娜从王经理的态度上可以感觉出来，合作有很大的可能性。

当杨娜第四次走进王经理的办公室时，王经理被杨娜的诚意打动，开始和杨娜谈合作的事宜。就这样，杨娜做成了这笔生意。

分析

一些重要信息重复的次数多了，就会给客户留下深刻的印象。同样，拜访客户的次数多了，客户就会对销售员产生印象，彼此之间不陌生，合作也就可以慢慢展开了。

反复传递一个重要的信息，可以加深人们对这个信息的印象，甚至可以改变人们对这个信息的看法。所以，如果销售员不断地在客户面前重复某个产品的重要信息，可能最反对使用这个产品的客户也会成为这个产品的最终拥护者。

- 不厌其烦地多次拜访客户

即使客户没有与销售员合作，但是作为销售员一定要不厌其烦地多拜访客户几次。当这个产品的信息在客户的脑子里出现的次数多了，再不愿意与销售员合作的客户也会对商品产生浓厚的兴趣。而且，销售员推销某种产品，实际上就是代表着这个产品，当客户见到销售员的时候，就能清晰地看到销售员所推销的产品。当销售员的出现在客户的生活中成为一种习惯之后，客户一时见不到你，自然会想念你，这时候，合作也就是水到渠成的事情了。所以，作为一名销售员，要尽可能多地去拜访客户，不要怕麻烦客户，你的目的是合作，只要没有合作，你就有理由不厌其烦地拜访。

- 拜访客户的时候，要多强调几遍重要信息

销售员在拜访客户的时候，一定要不断地重复产品的重要信息。当客户第一次听到的时候觉得很陌生，第二次听到的时候有点儿耳熟，第三次听到的时候已经很熟悉了。让客户的耳边时时刻刻都响起销售员推销产品的声音。当然，销售员一定要以尊重客户为前提，切不可撒泼耍赖，给客户留下极坏的印象。当客户明确表示不愿意合作的时候，千万不要强迫对方，要给客户一个思考的时间。

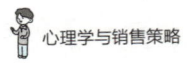

● 每次联系的时候，要不断地重复产品的重要信息

销售员不可能每天围着一个客户转，当销售员拜访完客户之后，一定要及时联系和沟通，不要让客户觉得你早已忘了他。在电话联系的时候，除关心对方的生活状态以外，还要不断地重复产品的重要信息，以此来加深客户对于重要信息的印象。当然，和客户保持联系，除了打电话还可以发邮件，或者使用网络聊天工具等。总之，销售员一定要时常和客户保持联系，在联系的时候要不断地重复重要信息，以加深客户的印象。

如何引导，让客户产生更多的消费欲望

销售实例

王洪想买一个带闹钟功能的收音机。这天，他来到商场的电器专柜。

销售员见到王洪，便走上前来，热情地招呼说："您好，先生，您需要点儿什么？"

王洪："你们这里有带闹钟的收音机吗？"

销售员微笑着说："请跟我来。"

一边走着，销售员又说道："问您个问题可以吗？"

"当然可以了，你问吧。"

"您为什么想买一个带闹钟的收音机呢？"

"我刚搬到这边，房子里空荡荡的，而且我是一个人住，所以早上总是无法按时起床。"

销售员笑着说："这倒是，有个闹钟能按时叫您起床。"

说话间，销售员已经带着王洪来到了卖收音机的柜台。王洪经过认真挑选，选了自己喜欢的一款。这时候，销售员说："您平时一个人住，一定很孤单，我们这里有最新款的液晶电视，而且价位也不高，您为什么不顺便看一下呢？"

王洪点了点头，说："是个好主意。"随后，王洪跟着销售

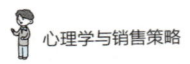

员去了电视专区，销售员顺便给王洪介绍了微波炉、加湿器等商品。

最后，王洪离开的时候，除买了带闹钟的收音机之外，还购买了一台液晶电视、一部手机。

分析

有时，客户之所以没有购买的欲望，是因为没有意识到自己需要这件商品。这时候，销售员所做的就是启发和引导客户了解自己的真正需求。当客户明白了自己的需求之后，自然就会考虑购买。

• 告诉客户量大优惠

客户在购买了一件商品之后，销售员一定要告诉客户，如果购买其他商品，会有打折和其他优惠，在购买单一产品的时候却享受不到，客户自然不会吃这个亏。如果客户潜意识里有购买的欲望，往往会被打动。所以，销售员在客户购买了产品之后，要及时地探知客户的其他需求。

• 建议购买相关的产品

客户往往购买了一件商品，要想让商品发挥出相应的功能，还需要配套的产品。所以，销售员要及时推荐相关的产品。一般情况下，客户购买的可能性很大。

- 建议购买保护商品的产品

客户购买了商品，自然希望能经久耐用。所以，这时候，销售员如果能把商品的相关防护产品也推荐给客户，那么，往往会得到客户的青睐。所以销售员要抓住客户的这种心理，给客户推荐合适的产品，也给客户留下服务周到的好印象，为下一次合作打下基础。

- 建议购买最新的产品

当公司有新产品的时候，销售员在与客户合作的过程中，不妨抓住时机向客户推荐新产品。由于客户以往和公司有很好的合作关系，彼此信任，接受新产品也比较容易，而且新产品能更好地满足客户的需要，所以客户一定会考虑的。客户是否扩大自己的消费欲望，往往与销售员是否推荐得当有很大的关系。

- 建议购买高档的产品

在经济能力强的情况下，客户都喜欢购买质量好的产品，所以销售人员要仔细揣摩和探知客户的经济实力。如果对方的经济实力强，则要不失时机地向客户推荐高档的产品，这样，客户会觉得消费得上档次，商家也能获得足够的利润，而且会给客户留下好印象，从而为下一次合作打下基础。

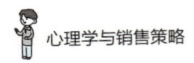

引导客户不断说"是",最终得出肯定的销售答案

销售实例

小王是一名保险推销员,这天,他要去拜访一位非常重要的客户。据说,之前去的销售员不下十个了,可是没有一个人拿下这笔交易。

见到客户之后,小王并没有马上向客户介绍保险,而是微笑着对客户说:"今天的天气真不错,阳光明媚,特适合外出游玩。"

客户笑了笑说:"是呀,真不错。"

紧接着,小王又说:"这个小区的绿化搞得真好,给人一种特别舒适的感觉。"

客户笑了笑说:"是呀,很舒服。"

"这几盆花真漂亮,是你种的吗?"

"是的,是我种的。"

这时候,小王顺便拿出保险的宣传册说:"我是保险公司的销售员,这是我们公司的宣传册,你看看。"

客户说:"噢,是吗?"

小王抓紧时机说:"我是不是可以给你讲解一下呢?"

客户说:"那好吧。"

就这样,小王顺理成章地拿下了这个单子。

分析

如果一个人一开始就说"是",或者连续说几个"是",那么,在之后的回答中也会有说"是"的倾向。所以,销售员在与客户沟通时,要一开始就选择一些意见一致的话题,让客户不停地说"是",那么,在意见不同的问题上,客户也会习惯性地说"是"。

一般来讲,相对于拒绝的心理倾向,客户接受的心理倾向会更强烈一些。但是,当客户说了"不"之后,无论从生理上,还是心理上都会处于一种抗拒的状态。所以,销售员能否

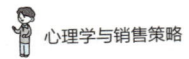

在一开始就让客户说"是",在很大程度上影响着合作的成败。

- 问题设置要恰当

很多客户对销售员怀有很强的戒备心理。如果销售员贸然推销产品,势必遭到客户的拒绝。所以,在一开始接触客户的时候,销售员就要想方设法地引导客户说"是",为客户营造一个肯定的心理状态。因此,问题的设置是关键,销售员在设置问题的时候,一定要问那些闭合式的问题,比如,"今天的天气真热,是吧?"事实上,已经给了客户答案。除此之外,销售员还可以问客户一些没有异议的问题,这样客户就会顺着销售员的思路走。

- 把握好问题间的联系和递进

为了能悄无声息地俘获客户的心,销售员要用一系列的问题层层递进,慢慢地软化客户的心理防线。当然,这些问题之间一定要联系紧密、层层递进,这样,客户肯定了第一个问题,就不会否定第二个问题,因为如果否定第二个问题的话,就是否定了自己,而人很难自我否定。比如,销售员问:"今天的天气真热呀,是吧?"客户回答说:"是的,实在是太热了。"销售员:"在这种天气下,外出如果不采取措施肯定会晒伤皮肤的。"客户:"是呀。"也许这位客户对销售员非常抵触,但是在不知不觉中被销售员引入了肯定的心理模式,而自己的心理防线也在一步步地瓦解。

- 表明身份的时机一定要成熟

当销售员引导客户进入自己的模式之后，要把握好时机向客户摊牌，把自己所代理的产品介绍给客户。销售员在提问题的时候，要环环相扣，到最后一环的时候，客户基本上已经认可了销售员。此时，把自己的产品介绍给客户，因为客户一直是肯定的心理状态，所以他基本上不会拒绝销售员推销的产品。

第 4 章

销售沟通心理策略，三言两语间让客户心随你动

把好处说够，把坏处说透

销售实例

小刘是保险公司的销售员。这次，他去拜访一位著名的女企业家。

女企业家："小刘，说实话，你很优秀，我很欣赏你，但遗憾的是，我决定不买保险了。"

小刘："为什么呢？"

女企业家："我有个习惯，那就是买东西的时候，常常问自己：'不买会不会死？'同样，我这次也问了自己，所以，我决定不买了。"

小刘："大姐，人不买保险是不会死，但是终有一死的时候会很惨。而且那些依靠你的人也会很惨，你死了什么也不需要了，但是他们还需要生活，还需要吃饭，还需要穿衣。所以你是绝对不能出意外的，就是不为自己考虑，也要为他人考虑啊。"

女企业家："你这么说也有一定的道理。"

小刘："天有不测风云，未来的事情谁也说不准，如果你有什么意外，那些依靠你的人还可以通过你买的保险获得一定的赔偿，这对他们以后的生活是很好的支持。而且，你如果买了保险，就不用为以后的事情发愁，不用为家人和朋友以及你手下的员工担心了。"

女企业家："按你这么说，我还真应该买。"

分析

客户在合作与不合作之间犹豫徘徊，主要还是考虑现实利益的得失。所以，销售员在说服客户的过程中，要把买了商品的好处和不买商品的坏处全部告诉客户。

人在作决定的时候，往往会在内心深处进行博弈。所以销售员在说服客户的时候，一定要把这个心理利用好，将产品的好处说得更好，坏处说得更坏。这样好坏对比之下，客户会选择好处，而避免坏处。

- 将伤害和痛苦说得更糟

人往往有一个思维定势，总觉得自己会心想事成，从来不会考虑如果不成功将要怎么办。同样，在内心博弈的时候，也总是会考虑美好的东西，向来不考虑坏的情况，在这种侥幸心理的作用之下，往往对自己太过自信。所以，销售员在说服客户的时候，要先告诉客户，好与坏的概率是一样的。如果好了，当然皆大欢喜，但是如果坏了呢？把这个现实的问题提到客户的眼前。只要销售员把不合作所带来的伤害和痛苦说得足够严重，一般都会给客户一个巨大的心理震撼，当他们明白巨大的损失和痛苦之后，一般都会有所顾忌。毕竟人更愿意远离痛苦、享受快乐。

- 强调合作后的美好

销售员在给客户制造了巨大的心理压力之后，一定要及时给他们灌输美好的合作前景。合作后会给他们带来多少快乐和幸福，会给他们带来多少实际的收益。在这些现实的诱惑之下，客户自然会为之所动。

抓住商品特色和卖点介绍，吸引客户消费

销售实例

石福是某商场电器专柜的促销员。

这天早上，来了一位 30 岁左右的女士，想要购买一台电磁炉。石福说："那您想要买什么价位的呢？"

客户："钱不是问题，问题是一定要便捷，一定要安全。"

石福："那就这一款吧。这款功能全，而且比其他牌子的电磁炉更加省电，做一顿饭还用不了 1 度电呢。此外，它还有

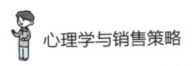

自动关闭的功能，如果炉子上忘记了放东西，它会在3秒钟之内自动关闭，以保证使用安全。"

客户："真的有你说得这么好吗？"

石福："那当然了，这一款电器是卖得最好的，尽管价钱有点儿高，但是和其他牌子的电磁炉相比，有它独特的优势。"

客户："那好吧，我就买这一款了，你帮我开小票吧。"

分析

没有特色的商品是无法吸引客户的。也就是说销售员在推销商品的时候，要抓住商品的特色和优势来介绍，也就是商品的卖点。客户购买商品是为了满足生活的需求，而商品既能满足客户的生活需求，又能满足心理需求，客户自然会选择购买。所以，销售员要把商品的卖点介绍出来，从而吸引客户消费。只有销售员所推销的商品比其他商品更加优秀、更加出色，才能吸引客户的注意力，客户才会购买。

- 卓越的品质

客户都希望能够买到质量好的商品，所以卓越的品质是商品最好的卖点。如果销售员强调质量足够好，那么，客户肯定会争先购买，因为尽管客户对销售员有一定的心理防御，但是他们也相信销售员，毕竟关于商品，销售员比他们懂得多。所以，介绍商品的时候，如果你的商品质量足够好，那么，不妨主打品质，事实上，这也是最能让客户产生购买欲望的卖点。

- 优越的性价比

客户都有一种心理，那就是花最少的钱，买最好的商品。性价比高的商品自然深受客户的青睐和追捧，所以优越的性价比也是商品的一个很好的卖点。对于销售员来说，如果你的商品质量不是很好，而且也没有什么特殊功能，那么，不妨走低价的路线，因为价钱永远都是客户心中最敏感的神经。在低价的策略之下，一般的客户都会忽略质量的问题。优越的性价比往往能在短时间内吸引客户，大大地增加商品的销售量。当然，质量也不能太差，否则客户会放弃购买。

- 显著的功效

客户购买了商品，如果商品没有什么显著的功效，那么，客户会认为上当受骗了，下次自然不会再选择这个商品。但是如果商品功效显著，客户自然会去追加消费。所以，显著的功效也是商品的卖点。比如，一台空调，暂且不说质量的好坏，价格的高低，如果使用起来很方便，能满足客户的需求，那就会获得客户的认可。否则，即使吹嘘得天花乱坠，不能解决客户的实际问题，那么，客户也不会认可和支持。所以，如果销售人员所销售的产品质量不是最好，价钱不是最低，那么，不妨在商品的功能上做文章，用商品的功效来吸引客户购买。

• 商品的特殊利益

很多商品除了能满足客户的基本需求外，还会有特殊的利益，而这部分特殊利益就是商品的一个很大的卖点。比如，一款近视眼镜同时能减缓客户的视力下降，这个特殊功能就是商品的特殊利益，是吸引客户消费的很大的卖点。客户之所以购买眼镜，是因为眼睛近视，若有一款商品既能满足近视的需求，又能减缓视力下降，那么，客户自然愿意购买了。所以，商品的特殊利益是商品一个很大的卖点，销售员要强化这种特殊利益，吸引客户完成消费。

• 完善的售后服务

很多客户不敢消费，是因为商品交易完成后，没有完善的售后服务，担心出了问题没人理会。所以，对于客户来说，完善的售后服务也是一个很大的卖点。销售员不妨将商品良好的售后服务介绍给客户，让客户免去后顾之忧，这样客户就会放心地消费。

有效的提问，是销售成功的催化剂

销售实例

小毕是某个服装厂的业务员。

一天，小毕去拜访一个大型生产厂家的厂长，商议定制两千套工作服的事情。

由于是厂家主动下的订单，所以这次业务会谈小毕一点儿也不费劲。等到了厂家之后，小毕受到了热情的接待。

在商谈中，厂家选择好了面料，谈好了价钱，并请专业的设计师设计好了服装上的图案。只可惜，厂里的厂长刚好有事，出门了，所以合同没有办法签。

最后，双方约定，小毕的厂家积极备料，准备开工，等厂里的厂长一回来，对方就打电话通知小毕，前来签合同。

小毕回去后，向服装厂的领导做了汇报，顿时全厂上下动员起来，准备大干一场。就在小毕回去后的第二天，他接到了生产厂家的电话，对方非常客气："你好，是服装厂的小毕吗？"

小毕："是我，你好，可以去签合同了吗？"

"真的很抱歉呐，我们厂长回来之后，觉得这样的合作不

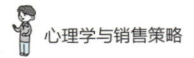

合适，因此，我们的合作暂时取消吧，等以后有机会了再合作。"对方显然有些底气不足。

小毕顿时愣在一旁，但是他反应很快："什么？你说什么啊？你能再说一遍吗？"

对方："我说我们领导不同意，合作到此终止呀！"

小毕："什么？我这儿信号实在不好，回头再打呀。"

不等对方回应，小毕就挂了电话，然后拿着合同，迅速地赶到了生产厂家。由于对方本来就理亏，再加上小毕的强大攻势，最后，厂长在合同上签了字。

分析

从上面的故事我们可以了解到，当客户存在问题的时候，往往会退缩，不想合作，尤其是在没有签合同的情况下。这时候，销售人员不妨装傻充愣，多提几个问题，并找个理由结束通话，将对方的阵脚打乱，然后采取相应的补救措施，让对方顺着自己的思路走。这样一来，对方毁约的计划就会完全破灭。

在销售过程中，有效的提问不但能更多地获得对方的信息，而且能增加客户的兴趣，控制谈话的进度，控制客户的思维等。可以说，有效的提问对于最后的合作起着关键的作用。

- 选择型问题

选择式的提问，在很大程度上，剥夺了客户拒绝的权利，因为不管怎么选择，都是在接受销售员的建议的前提之下，这样做可以大大地降低客户的抵抗情绪。因为客户始终对销售员有很强的防备心理，不管销售员说什么，就一个"不"字来解决。可是，如果销售员不给客户说"不"字的机会，客户也就无从拒绝，从而在不经意间被销售员带着走。所以，销售员要学会用选择式的提问避开客户的拒绝和否定，为进一步合作打好基础。

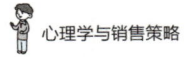

- 引导型问题

所谓引导式提问，就是先陈述一个事实，然后来一个是否式的提问，这样做的目的是让客户承认前面的事实。当然，这个事实必须说得有理有据，不能有任何的漏洞。一般情况下，前面的问题已经把答案告诉了客户，客户只有说"是"的权利。表面上看是在征求客户的意见，实际上是在引导客户的思维，让客户无路可退。这样的提问在关键时候能扭转客户的态度，能顺利地让客户签下单子。

- 反问型问题

采用反问型问题，可以将客户踢来的皮球反踢回去，从而在气势上压住对方，让客户自己去承受带来的压力。比如，客户说："到目前为止，所有厂商的报价都太高了。"销售员说："所有的报价都太高了吗？"意思就是说我们的报价其实很低了。这么反问，客户抱怨的气焰就会立即被压下去。有时候，客户利用一些问题，牢牢地控制了销售员的气场，这时候，销售员一定要用反问型问题将谈话的主动权重新夺回来。在交谈中，谁掌握主动权，谁就能在最终的博弈中获得成功。

客户总是找借口，销售员如何应对

销售实例

黄永是涂料公司的销售员，这次，公司派他去谈一个大型工程项目。

黄永找到了工程项目的负责人，对方对黄永所推销的涂料也很感兴趣，并嘱咐他下次带一部分样品过来，让他们施工方的技术人员进行检验。

黄永非常高兴，因为按照惯例，客户既然让他带样品过去，基本上就是有合作的意愿了。所以，第二天，黄永就把样品带了过去，对方表示等检验结果出来之后会立刻联系他。

于是，黄永静静地等待着。可是，过去差不多一个月了，客户始终没有联系他，黄永的心里开始犯嘀咕，这么长时间了，也应该有个结果了，于是，黄永又去找了客户。客户说，检验结果出来了，产品也符合他们工程的使用标准，但是现在工程还在进行阶段，到了最后的装修阶段，再联系黄永。

客户说的似乎也在情理之中，没办法，黄永只好走了。事实上，就在黄永第二次拜访客户的那一天，客户已经和另外一

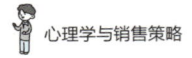

家涂料公司签订了合作合同。

分析

从这个故事中我们可以了解到，客户貌似有很多合情合理的理由来拖延合作，事实上是销售员在销售过程中出了问题，客户不好直说，所以才找了借口敷衍销售员。而销售员往往会信以为真，从而在等待中错失了合作的机会。所以，销售员一定要明白，客户所说的任何理由都是借口，都是因为谈判中出了问题。

在销售过程中，面对销售员的热情，客户往往不好直接拒绝，而是找一些合情合理的理由来敷衍销售员，这样就可以避免伤害销售员。销售员是否能将客户的问题处理好，直接关系着合作是否能顺利进行。

- 态度一定要诚恳

当客户告诉你要"考虑考虑"或者是"回头再说吧"的时候，销售员要意识到客户是在找借口拒绝你。这时候，销售员一定要放低姿态，要态度诚恳地向对方询问，到底问题出在哪里，切不可因此而放弃客户，或者是等待客户的回音。一般情况下，客户找借口敷衍销售员时，自己内心深处就在发虚，因为他在说谎。所以，只要销售员态度诚恳一些，客户就会装不下去，一般都会告诉销售员自己的顾虑和想法。

- 找出客户借口的原因

一般情况下，客户找借口、找理由来敷衍销售员，基本上是对销售员提供的服务承诺不满意，或是对产品有意见。这时候，销售员如果认为客户真如他们所说的那样"考虑考虑"，那势必要失去和客户进一步合作的机会。销售员态度诚恳一些，客户都会告诉你，哪里出了问题。比如，客户觉得价钱太高了，或者觉得质量不太好等。当销售员了解了客户心里的疑问，而且给客户解释清楚了，客户自然会与你合作。所以，销售员能否找出客户拒绝的理由，直接关系着客户是否愿意与销售员合作。

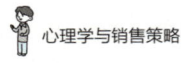

- 及时解决客户的疑虑和问题

既然客户把自己内心的真实想法告诉了销售员,就是希望销售员能给他们一个合理的解释。这时候,销售员要本着为客户服务的心理,真诚耐心地帮助客户。比如,客户对你说:"你的产品太贵了。"销售人员就要给客户解释清楚为什么价格贵,可以通过质量、功能以及售后等,让客户觉得多花点儿钱买你的产品是值得的。另外,在讲这些道理时,如果能再举一些例证来说服,则更能赢得客户的理解和认可。

第5章

把握细节，小事情做到客户心里才能快速成交

替客户保守住秘密，让客户认为你值得信任

销售实例

有一个客户小璐一直没谈下来。有一次，在她前去拜访客户的时候，不巧碰到客户正和一个中年男人吵架。当那个男人

看到小璐之后，就转身走了，客户委屈地坐在一边掉眼泪，小璐自然走上前去安慰对方。那天，她们聊了很多，对方也将单子交给了小璐做。

后来，小璐无意中把客户的秘密说了出来。说者无心，听者有意，同事小黄把这事记在了心里。当小璐高高兴兴地带着合同去找客户的时候，却被对方赶了出来。原来，小黄来抢单子，客户不愿意，小黄就拿出客户的秘密来嘲笑客户，让客户受了羞辱。

小璐知道原因之后，非常懊悔。

分析

从上面的故事中可以了解到，人与人之间的秘密要共同维护，这样才能彼此信任，才会有合作。所以，销售员一定要替客户保守秘密。

- 客户的信息不要随便向别人泄露

对于和客户合作的销售员来说，客户的信息非常重要，知道得越多才会越了解客户，才越能获得客户的青睐。这些信息对竞争对手来说也一样重要。所以，销售员一定要保护好这部分信息，就算是同事之间也不要轻易泄露，尤其是客户的姓名

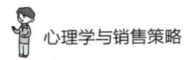

和电话等一切用于联系的资料。这部分资料如果被同事知道，就有可能造成同事之间的恶性竞争，会在无形之中增加工作的难度和压力，没完没了的业务电话也会给客户带来不便。所以，销售员一定要保护好客户的基本信息。

- 客户的私人问题不向任何人谈起

销售员在频繁地接触客户时，难免会了解到很多客户的私人问题，而这些问题就会成为客户和销售员之间的秘密。本着对客户的尊重，销售员要替客户保密。就算是客户不愿意与销售员合作，销售员也要替客户保密，因为现在不合作并不代表以后不合作。在人品上赢得客户也是俘获客户心的一种方式。切不可以私享要挟客户，这样不但不道德，而且不合法。除此之外，很多销售员在和客户的接触当中，慢慢地成为客户的朋友，自然会和客户谈一些私人生活的问题。这是客户对销售员产生绝对信任的前提。销售员要保护好客户的隐私，让客户在心理上感觉和销售员交往合作是安全的。事实上，保护了客户的隐私也就保护了彼此之间的长久合作。

- 客户公司的机密不要轻易告诉他人

很多时候，客户和销售员合作之后，为了增加彼此的信任和透明度，客户会将公司的很多内部信息告诉销售员，以求取得更好的合作。所以，销售员一定要管好自己的嘴巴，不要把客户公司的商业机密告诉他人。

悄悄记住客户的重要日子，表达对客户的重视

销售实例

小刘是王氏塑钢的销售员，最近，她一直在联系一个大客户，可是接触了好几个月，对方始终没有下单。同时，小刘得知他们的竞争对手也在拼命地抢这个单子，为此，小刘非常着急。

快到下班时间了，小刘给客户王主任打了个电话。

王主任："你好。"

小刘："王主任，您好，我是王氏塑钢的小刘，祝您生日快乐呀。"

王主任："什么？祝我生日快乐？难道今天是我的生日？"

小刘："是呀，王主任，今天就是您的生日，祝您生日快乐。"

王主任："噢，我真是忙糊涂了，连自己的生日都不记得了，谢谢你的祝福，难得你还记得我的生日。"

小刘："应该的，应该的，您可是我的'上帝'呀。"

王主任:"你太客气了。你这么关注客户,想必你不会不关注客户的利益。这样吧,我们的这个单子就给你们做了。你明天过来签一下合同吧。"

小刘:"实在是太好了,王主任,谢谢您了。"

王主任:"不客气,那明天见。"

小刘:"明天见。"

分析

记住客户的重要日子,是获得客户信赖的好方法,也是获得合作的有效途径。每个人都希望被重视，客户也不例外。所以，当销售员记住客户的重要日子，给予合适的祝福和问候时，会让客户感觉受到了重视和尊重。客户自然会和销售员合作。

记住客户的重要日子，让客户感受到那份关怀和温暖，很多时候，这份关怀和温暖会转化成客户的回报和感恩。

- 客户及其家属的生日

一般情况下，人对自己的生日是非常在意的。而且生日一般都是关系比较亲密的人才会知道。如果有人在你生日的那天送上祝福，那你一定会觉得对方很关心你、很重视你，自然会把对方当成非常要好的朋友。同样，如果在客户生日那天，销售员能送上一份祝福的话，客户一定会非常高兴，会把销售员当朋友来看。而且，客户既然接受了你的祝福和关心，那势必会有感恩的心理，而最好的回报销售员的方式便是合作。当然，销售员在记住客户生日的同时，也不要忽略客户家属的生日，因为关注客户的家属往往比关注客户更能让客户感动。

- 值得庆贺的特殊日子

每个人的生活中都有值得庆贺的事情发生，在这些日子里，如果能收到他人的庆贺将是件非常高兴的事情。所以，销售员在和客户沟通时，一定要尽可能多地了解客户的信息，了解客户的生活，以便准确地掌握客户生活中所发生的值得庆贺的大事，比如，结婚、孩子满月、子女考入大学等。了解具体的日子，然后及时地给予客户祝福。表达的时候可以打电话也可以发短信，只要把这份情谊表达出来就可以了。

鞍前马后，随时记下客户的要求

销售实例

张雨是某软件销售公司的销售员。他有个习惯，总是在拜访客户的时候准备一个小本子，和客户的沟通交流中，随时随地记下客户的要求。拜访完客户，再进行资料整理。

一次，张雨一边倾听客户说话，一边认真做着记录。突然，客户的一句题外话引起了张雨的注意，客户在无意中聊到了这次采购的总量，张雨赶紧记了下来，顺便在和客户的聊天中记下了准备合作的厂家。

拜访完客户，张雨立即花了两天着手制作了一份项目采购书，邮递给了客户。原来，客户所透露的很多产品他们公司都在运作，而且相当成熟，价位在同类市场中也不是很高。几天之后，客户打来电话，表示只要是张雨所在公司运作的软件，对方全部采购。

就这样，张雨无意中记下的一句话，给他带来了很大的一笔生意。

分析

从上面的故事中可以了解到，客户在谈话的时候，会将自己的要求告诉销售员，对于销售员来说，能否将客户的要求记下来直接关系着最终的合作能否成功。就算销售员的记性再

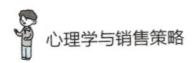

好，也不可能完全记住客户的要求。所以，带个笔记本随时记录，对于销售工作非常重要。当客户提过的要求被销售员完全记住的时候，无形之中，客户就被销售员感动了。

- 要随身携带纸笔

对于销售员来说，客户的信息就是金钱，就是价值。所以，随身携带纸笔，随时记下一切信息。销售员可以准备一个精致的笔记本，多准备几支笔，确保在有用信息出现之后，能以最快的速度记下来。在和客户交流时，要认真记录，不但要记录客户的各种信息，还要尽可能地完善客户的资料，为以后进一步合作做好充足的准备。对于销售员来说，多记录一点儿信息，就是多一个赚钱的机会。

- 记录要详尽准确

销售员所做的记录一定程度上影响着销售员的决策。所以，在记录的时候，销售员要做到尽可能详尽和准确。对客户的信息了解得越准确，就越能迅速地俘获客户的心。所以，销售员所做的记录一定要详尽、准确。

电话沟通时让客户先挂电话，让客户感觉被尊重

销售实例

胡雪是爱华广告公司的销售员。最近，她发现很多客户谈得很不错，但是在签合同的时候却反悔了。这让胡雪有些不解。

这天早上，她又拨通了一位潜在客户张厂长的电话。

张厂长："你好。"

胡雪："张厂长，您好，我是爱华广告的胡雪，您上次说约我谈合作的事，您什么时间方便啊？是今天下午还是明天早上？"

张厂长："那定在明天早上吧。"

胡雪："那好吧，再见。"说完，胡雪就挂了电话。

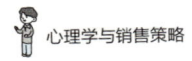

第二天一早，胡雪带着合同来拜访张厂长。可是到了约好的时间，迟迟不见张厂长露面，于是胡雪拨通了张厂长的电话，张厂长抱歉地说："我正在会见一个非常重要的客户，有时间再约。"

可是从那之后，胡雪再没有机会和张厂长见面并谈合同。就这样，原本很好的合作被胡雪先挂电话的声音给毁了。

分析

每个人都喜欢交流合作能有个良好的结束。客户也是一样的，希望销售员等待自己先挂电话，而不是听到销售员先挂电话的声音。每个人都希望被尊重。就在挂电话的这一瞬间，客户如果感受到了这份尊重，那么，心里就会得到满足。如果销售员先挂电话，会让客户觉得销售员非常讨厌与自己合作，有一种不被尊重的感觉。客户有了这种感觉，就意味着最终的合作会失败。

- 要让客户提出结束谈话

销售员和客户交流时，销售员不要急着提出结束谈话，而要让客户提出来，销售员提出来会让客户觉得对方很不乐意和自己交流，而且对于销售员来说，自己本身就是一个服务者，随时准备解答客户的所有问题。要是客户还有其他问题，销售员提出结束谈话，无疑会传递给客户拒绝合作这样一个信息。所以，销售员在和客户交流时，销售员不要急着提出结束谈话，等客户觉得没有其他问题了，由客户提出来。当然，如果销售员有着急的事情需要处理，一定要表示歉意，并获得对方的理解，随后一定要回电话过去。

• 要让客户先说"再见"

有很多销售员在和客户沟通完后，客户刚表示要结束通话，他们就紧跟着说一个"再见"。这时，销售员往往会因为抢在客户前面说"再见"而导致合作失败。所以，既然客户提出来要结束谈话，那么，销售员一定要把说"再见"的优先权留给客户，让客户觉得是自己决定了这次谈话的结束，而不是销售员迫不及待地想要结束谈话。

• 要让客户先挂电话

当客户说完"再见"之后，销售员出于礼貌也要和客户说"再见"，随后销售员要耐心等待客户挂电话。等客户挂电话之后，销售员再挂断电话，这样会让客户觉得销售员依依不舍地结束谈话。客户感受到了销售员的这份依恋，自然会对销售员回报以真情。所以，销售员不要抢在客户前挂电话，要让客户感受到足够的尊重和礼遇。

第 6 章

心明眼亮，肢体语言中暗藏客户的意图

声音的变化也能传递客户心理

销售实例

小薇大学毕业之后，在一家钢铁企业做销售，由于口才好，文化基础扎实，销售能力也很强，所以，销售业绩直线上升。

一次，小薇去谈一个大型工程，工程的负责人是位40岁左右的男士，他对钢材的要求非常高，见了小薇之后，直接询问小薇所在企业钢材的各项指标，小薇报了指标后，对方似乎还算满意。

由于小薇所在企业的钢材各方面指标都很不错，而且各种政策和条件都很好，客户也就不再挑剔了。当小薇报出价格后，客户的声音突然提高了八度，后来，双方僵持不下，就没再谈下去。

之后，小薇再次找这位客户时，对方总是避开实质性的问题，就连之前谈妥的各项事宜，对方也避而不谈了。小薇明白客户对价格非常敏感。但是，企业有企业的规定，对于做销售员的小薇来说，也是无可奈何。

分析

声音能将一个人内心深处的情绪完整地表达出来，不管是高兴还是疑虑，只要你细心捕捉，都能清晰地感受到。在和客户交流的过程中，如果对方的声音发生变化，那你就要留意是什么引起客户的心理波动。洞察客户的心理变化，及时调整策略，进而顺利地实现合作。

● 留意对方谈话的速度是关键

一般情况下，说话速度快的人，大多很精明、能言善辩。而说话速度慢的人，则较为严谨、谨慎。如果本来说话速度快的人，突然把速度放慢了，或者说话速度慢的人，突然把速度加快了，那么，销售员一定要注意了，肯定是哪里出问题了。一般来说，客户放慢说话的速度，可能是他对你很不满

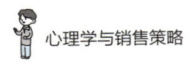

意了。如果加快说话的速度，那就意味着对方心里的想法发生变化了。所以，销售员一定要多加留意，针对不同的情况作出不同的调整。

• 留意对方谈话的音调很重要

普通人之间的交流，音调稳健，彼此听见就可以了，平稳的音调表达平稳的心态。如果在和客户交流的过程中，对方的音调突然升高，要么是客户对你所说的话很吃惊，要么是客户的话不真实，为自己找个合适的理由和借口。如果对方表示惊讶，那销售员就要进行合理的解释，让对方接受你的观点。

如果客户说话的时候，突然变得抑扬顿挫，那可能是客户想引起销售员的关注，这时候，销售员要适当地给予客户回应，这样有助于合作的达成。

• 留意对方谈话的节奏很必要

自信的客户，谈话时是肯定的语气。性格软弱或者做事拖拖拉拉的客户，说话拖泥带水。所以，销售员在和客户交谈时，也要注意交流的语气：如果对方说话的节奏平稳，那么，交谈可以按部就班地进行；如果对方说话的节奏欢快，则说明对方对你很感兴趣，你们之间的合作十拿九稳；如果对方说话的节奏缓慢，就说明对方对你一点儿兴趣也没有，这时，你就要想办法让对方对你感兴趣。

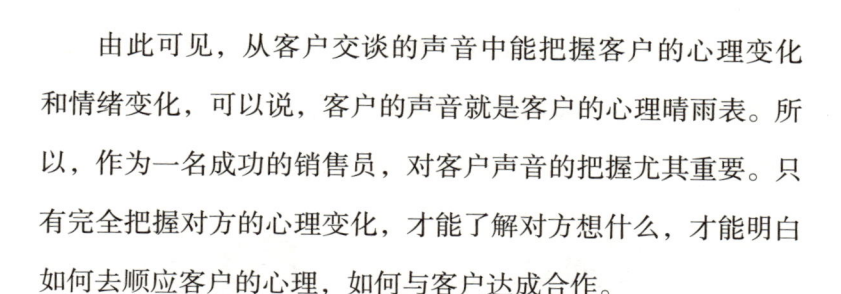

由此可见，从客户交谈的声音中能把握客户的心理变化和情绪变化，可以说，客户的声音就是客户的心理晴雨表。所以，作为一名成功的销售员，对客户声音的把握尤其重要。只有完全把握对方的心理变化，才能了解对方想什么，才能明白如何去顺应客户的心理，如何与客户达成合作。

从客户的坐姿读懂客户的心理

销售实例

小王是某著名锅炉厂的销售员，平时工作非常细心认真，因此，业绩一直很不错。

这天，厂里的领导把他叫到办公室，对他说现在有一个很难缠的客户想让小王去试试。

小王说："行，您把这位客户的基本信息给我吧，我一定拿下来。"

经理一边把整理出来的基本资料递给小王，一边笑着说："我就知道没有什么客户是你拿不下来的。祝你马到成功。"

小王花了整整三天的时间，将这位客户的资料搜集得更加

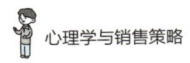

完善，同时向拜访过这位客户的其他几位销售员请教。从他们嘴里得知，该客户见销售员的时候总是躺在老板椅上，双手交叉撑在后脑勺上，一副高高在上的样子。

这引起了小王的关注，他通过各种途径查到了客户为什么会有这样的举动，并且采取了相应的措施。等小王见了客户之后，很快就把这个单子拿了下来。

分析

客户的坐姿往往能反映出客户的某种心理。像故事中的这位客户，躺在老板椅上，双手交叉撑在后脑勺上，就是一种强势的姿态。他这样坐着，会让前来商谈的销售员感觉到地位上的不平等，从而压力倍增。要是销售员不采取相应的措施，而是毕恭毕敬，肯定拿不下来单子。所以，从客户的坐姿上准确地判断和把握客户的心理，对于销售员来说非常重要，因为它直接关系着合作是否能够顺利进行。

一个人的坐姿是平时养成的一种习惯，能反映一个人的性情、气质、礼貌和修养，甚至能展现出一个人在人际交往中的心态和待人接物的方式，进而能反映一个人的心理状态。

- 骑跨在椅子扶手上

很多销售员见客户的时候，对方非常热情，但是双方坐下之后，慢慢地，客户会将腿骑跨在椅子的扶手上，而销售员不知道客户这种动作的用意，所以在具体的谈判中就被客户牵着鼻子走。事实上，客户把腿骑在椅子的扶手上，只是想借着椅子增加自己支配和控制的欲望。这类客户的行为相当谨慎，在自己控制和支配欲望越来越强的同时，还可以借椅背来保护自己，可以说是能攻能守。所以，销售员面对这类客户时，要事先做足心理准备，在对方的气势越来越强的时候，不妨直接坐到或站到他的身后去，这样一来，对方就会感受到威胁，而不得不改变坐姿。对方改变了坐姿，其控制和支配的气势就会随之弱下去。

- "弹簧式"的坐姿

"弹簧式"的坐姿是躺在椅子上，双手交叉放在后脑勺上。一般有这样坐姿的客户非常冷酷和自信，且大都是男性。客户的这种坐姿，会让销售员产生一种错误的安全感，觉得客户平易近人、好说话。事实上，在无意中客户占据了主导地位。所

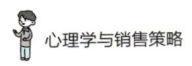

以，销售员在与客户见面的时候，如果看到客户是这么一种坐姿，你只需模仿他，也来个"弹簧式"坐姿，这样对方在心理上就没有了优势，对你的态度也会迅速转变，谈判起来就会轻松很多，合作的概率也会大大增加。

• 起跑者的坐姿

如果在与客户交谈的过程中，对方的身体慢慢前倾，或者是将两只手放在两个膝盖上，或者身体前倾的同时两只手抓住椅子的侧面，那就意味着对方对你所说的内容根本不感兴趣，想要离去。这时候，销售员就要及时改变策略，而不是一味地夸夸其谈。如果没有其他办法让客户对你的产品重新产生兴趣，索性尽早结束会谈，以免对方把对产品的不感兴趣扩展为对你本人的厌恶。

眼神能最直接地反映客户内心

销售实例

王梅在一家化妆品公司做销售。

有一次，她在公司碰到了一位客户——刘小姐。刘小姐对她们公司的产品很感兴趣,拿着一套化妆品翻来覆去地看。王梅非常高兴,觉得刘小姐一定是位准客户。于是,她开始给刘小姐介绍那套化妆品的优势和特点。

王梅滔滔不绝地讲了十几分钟,刘小姐眼睛一眨不眨地盯着王梅看。王梅讲完后,刘小姐拿着化妆品想了想,还给王梅,转身走了。

王梅心里非常不解,明明刘小姐一直盯着她看呢,而且对产品的效果进行了详细的了解,为什么最后却没有买化妆品呢?

分析

眼睛是心灵的窗户,客户在想什么,销售员可以通过眼睛看得清清楚楚。事实上，刘小姐一直盯着王梅看，已经把她的态度和情绪表达出来了。王梅注意到了，却没有正确地解读。所以，销售员在与客户交谈的过程中，要从客户的眼睛里准确地捕获有用信息。

眼睛就是客户赤裸的内心，客户在想什么，可以通过眼睛看得清清楚楚。销售过程中，销售员关注到客户的眼神不难，难的是如何正确地解读，从各种不同的眼神中得到对自己有用的信息。

• 直直地盯着你看

在销售员和客户交流的过程中，很多客户会直直地盯着销售员看，很多销售员以为客户对他很感兴趣，但是最终却没有购买或合作。事实上，客户盯着你看，更可能是对你的质疑，对你所持的观点表示反对或不赞同。就像案例中的那位客户一样，一直盯着销售员看，已经表明客户不认同销售员所介绍的产品，而王梅却锲而不舍地解说，客户自然不会购买了。所以，不要以为客户盯着你看，就是喜欢、认可你，其实恰恰相反。但如果这时客户的目光从你身上转移，则代表对方开始屈服了。

• 不停地眨眼睛

在人际交往中，当一个人对别人不屑一顾的时候，往往会眨眼睛，而且频率非常慢，以此来表达蔑视和嘲笑。在销售员和客户的交谈中也一样。所以，当你发现客户眨眼的频率变慢的时候，那就意味着对方对你所说的内容没有一点儿兴趣，如果你继续进行下去，不仅没有任何效果，而且还会引起客户的反感。这时候，你就要积极地改变策略，转移话题，重新想办法说服客户。当你发现客户眨眼睛的频率变快的时候，说明你的说服起到作用了，客户开始动心了。

- 斜着眼睛看你

当客户的目光从你的身上转移，目光变得游离，斜着眼睛看你的时候，有可能对方对你很感兴趣，是下一步合作的前兆；也有可能表示客户对你很厌烦，对你怀有敌意。这就需要你去细心地观察和分辨了。一般情况下，客户如果斜着眼睛看你，眉毛轻轻上扬或者面带微笑，说明客户认可你，对你所说的话感兴趣，这时候，你要适当抓住机会，提出和对方签合同的要求，这样成功的概率会很大。对方如果眉毛压低、眉头紧锁或者嘴角下拉，说明客户对你不信任或者心存敌意。出现这种情况的时候，你就要想方设法消除客户心中的疑虑和不快，重新把客户的眼神拉到自己身上来。

眼睛是心灵的窗户，彼此眼神的交流是真正沟通和交流的基础。很多销售员在与客户的交流和沟通当中，有时候觉得很默契、很舒服，有时候觉得焦急和不安，想迅速地离开。事实上，出现这些感受很大程度上是由于眼神的交流。所以，一名优秀的销售员，往往是一个察言观色的高手。

口头禅是如何泄露客户真实心理的

销售实例

刘宏在新华书店做店面销售工作整整两年了，可以说是一位非常合格的销售员。

这天，来了一位30岁左右的男士，在一堆心理学书籍前徘徊了很久，比较了半天，不知道究竟买哪一本好。刘宏走了过去，打招呼说："您好，先生，您想买关于心理学的书啊？"

客户回答说："是呀，我想买一些心理学的书看看，不要太深奥，但是我不知道买哪一本好。"

刘宏说："这些书都是刚刚上架的新书，您具体想要哪方面的？"

客户："噢，我对心理学一窍不通，想学习一些知识，希望能对工作和生活都有很大帮助。"

刘宏："要是这样的话，我建议你买一些心理学基础知识的书,先了解一下,这本《心理学基础》就很不错。等你了解了心理学的基础知识再买其他书吧,因为心理学内容广泛且深入,买得太专业了,一时也看不懂,还会给自己造成心理压力。"

于是,客户买了一本《心理学基础》,高兴地离开了。

分析

客户往往会从一些口头语中流露出自己心里的想法,所以作为一名合格的销售员,要善于从这些口头语中捕捉到客户的消费心理。这些不被人注意的口头语能表现出客户的消费意图、消费理念以及消费习惯。故事中的刘宏就是从客户的"我想……,但我不知道……"等口头语中得知客户的意图,从而很好地帮助客户作了决定,完成了销售。

• 说话时,常带"我要……""我想……""我不知道……"

在与客户交谈时,如果销售员发现客户说话总是带着"我

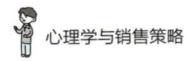

要……""我想……""我不知道……"等,那么,这位客户基本上没什么主见,而且思维比较单纯,爱意气用事。因此,销售员要控制好交谈的主动权,如果有可能,尽量用强势的气场征服客户,及时将合作关系定下来。当然,销售员在帮助客户作决定的时候,一定要以双赢为前提,切不可损害客户的利益。否则客户了解真相以后,绝对不肯再与你合作。

● 说话时,常带"我应该……""你不能……""你必须……"

带这些口头语的客户往往非常强势、非常自信。销售员在和客户交谈时,在不违背原则的前提下,尽量顺从客户,千万不要和客户有对立的情绪,更不能拗着客户,因为你的目的是要与客户合作,而不是与客户斗气。

● 说话时,常带"我个人的想法是……""是不是……""能不能……"

使用"我个人的想法是……""是不是……""能不能……"等口头语的人,一般脾气都比较好,很有修养。所以,如果销售员遇到这样的客户,就会感到很受尊重,合作起来也很轻松,不会有太多的心理压力。当然,谈判时也要认真对待,尊重对方。这样的客户非常理智,会经过深思熟虑再作出决定,是最佳的合作伙伴。

- 说话时，常带"我早就知道了……"

如果销售员不管说什么，客户总是一副不屑的样子，时不时地说"我早就知道了"。这样的客户很难做一个耐心的倾听者，所以生活中没有多少真正的朋友。面对这样的客户，销售员需要做一名听众，让对方的表达欲得到充分满足。只要让对方舒心了，合作的事情自然水到渠成，而且和这类客户合作，销售的不仅是产品，还有销售本身。

手势是客户心理倾向的自我展示

销售实例

王韩是汽车配件销售员，这天，他去拜访一位汽车销售公司的总裁。

对方工作非常繁忙，王韩等了整整一个上午，好不容易对方抽了个时间接见王韩。一番寒暄之后，王韩开始介绍产品，总裁时不时地也会提出一些相关的问题。很快，王韩将产品的性能、优点等通通介绍完了。

总裁点了点头，顺势摸了摸自己的鼻子。

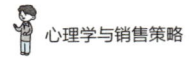

王韩并没有注意到这个细节，反而建议总裁先预订部分产品。总裁想了想，对王韩说："你们的产品听起来确实很不错，你的建议我也会认真考虑，你先回去，回头我给你打电话订购。"

王韩非常高兴地和总裁道别之后，兴高采烈地回到了公司。

可是等来等去，王韩始终没有等到对方的电话，合作自然也是遥遥无期。

分析

客户的一些细微动作会暴露出他的心思。比如，摸鼻子、摸耳朵、摸嘴巴、拉衣领等。作为销售员应该善于捕捉客户身上流露出来的蛛丝马迹，从而准确地洞察和把握客户心理。故事中的王韩就是忽略了客户摸鼻子的动作，误认为客户会买自己的账，结果在等待电话中失去了与客户合作的机会。

所以，销售员在和客户交谈时要多注意观察对方手部的小动作。

• 摸鼻子

当一个人摸鼻子的时候，往往表明对方对你的话题不感兴趣，不会和你有更深层次的接触和合作。所以，当销售员和客户谈话

时，如果发现客户在回答你问题的时候，不停地触摸自己的鼻子，那么很显然，客户在撒谎，或者是在用客气话敷衍你。所以这时候，不管客户嘴上怎么说，你一定要明白，你的销售失败了。如果对方没有表示不耐烦，销售员应该及时补救，比如，转换话题，重新寻找卖点。如果对方表示出厌烦的情绪，则需为下次见面埋下伏笔，在下次见面的时候再进行陈述和说服。

• 用手捂着嘴巴

如果在交流的时候，客户下意识地用手捂嘴巴，那你就要明白，客户要撒谎了。这时候，你不妨直接问："有什么问题吗？"或者问："你觉得有什么不合适的地方吗？"或者直接说："我觉得你有不同的想法和见解，我们交换一下想法，看问题出在哪里？"这样一来，客户就会把自己的想法说出来，销售员才能了解客户的想法，进而真正帮助客户解决问题。

• 用手揉眼睛

当客户开始揉眼睛的时候，就说明对方对你的谈话一点儿也不感兴趣。同样，如果在和客户交流的过程中，发现客户时不时有揉眼睛的动作，那你就要赶紧转换话题，因

为此时客户对你的陈述已经很厌烦了。如果这时候你还喋喋不休,那就会给客户留下很坏的印象。

• 用手摸耳朵

当客户用手摸耳朵的时候,说明他对你的产品还是不放心,甚至没有多大兴趣。这时候,你要是不识时务,拿出合同让对方签,对方绝对会找借口拒绝你。跟前面一样,当务之急是如何重新调动起客户的兴趣。

• 用手抓脖子或拽衣领

当客户对你的产品和服务不是很确定的时候,往往会抓一下脖子或者拽一下衣领,这时候,你要了解客户内心的疑惑和顾虑。事实上,客户对你的产品还不是真正感兴趣,尽管对方一直赞同你的观点和理念。所以,当客户有抓脖子或拽衣领的动作时,你要进行及时的沟通和补救。

• 把手放在嘴唇之间

如果销售员看到客户把手放在嘴唇之间,那就表明客户对你的产品还不是很信赖。尽管这时候客户可能会说将要和你合作的话,但是你要及时给予客户保证和承诺,打消客户心中的疑虑和不安。只有这样,客户才能和你达成合作。

头部动作也能传递客户信息

销售实例

刘一是暖气片销售业务员。刚进入冬天不久,生意逐渐火爆起来。这天,刘一一大早就敲开了一家装修公司经理的家门。对方把他请到了家里,入座之后,刘一就开始滔滔不绝地介绍自己所售暖气片的功能和特点以及客户用了他们暖气片的好处。

在说话之余,刘一观察到经理频频点头。介绍完之后,他立即拿出合同,经理在合同上签了字。就这样,刘一一鼓作气地签下了十几万元的大单子。刘一没有忘记老业务员告诉他的,当客户频频点头的时候,是签合同的最佳时机。他观察到经理不断地点头,时而托着脸沉思,觉得这时是签合同的最佳时机。

分析

客户不经意间流露出来的一些头部动作,往往能反映出对方的心理倾向。刘一正是抓住了经理不断点头的这个动作，分析出经理对自己所售产品的认同，进而把握住了客户的心理，成功地完成了交易。在销售过程中，要多注意观察客户细小的动作，尤其是头部动作，因为这些不经意间流露出来的动作，往往能把客户的态度和倾向泄露出来。当你掌握了客户的态度之后，顺着客户的心意，就能很好地完成销售。

很多情况下，人们嘴里所说的话和身体语言所表达的意思是不相符合的，人的嘴巴可能会说谎，但是身体永远不会说谎。在身体语言中，头部动作表达的语言更丰富，包括点头、摇头、低头和侧头。

• 点头

在一定程度上，点头表达了赞许和认可，基本上表达一种肯定的意思。如果在销售人员和客户交谈的过程中，客户不断地点头，说明客户对你很感兴趣，示意你继续说下去。这时候，基本上已经离合作不远了。但是也要注意客户点头的频率，如果点头的频率过快，那就有了否定的意思，表示客户对你很反感，这时候，你一定要适可而止，尽快结束谈话。

• 摇头

一般情况下，摇头表示否定的意思。当客户和你交谈时不断摇头，就表明客户对你的看法并不认同。有些时候，客户出于礼貌而不好意思当面拒绝你，嘴上不断地说"我对你的产品很感兴趣""我们一定会合作愉快的"同时在不断地摇头，尽管话说得很圆滑，但是摇头的动作完全把拒绝的意思泄露出来了。所以，在销售过程中，销售员不要被客户的面子话所蒙蔽，要相信自己的判断。

- 低头

跟摇头一样，低头也表达着一种否定和不认可。只是这种否定的表达没有摇头那么直接，一般是不方便拒绝对方，又不愿意与对方合作时的一种情绪的表达。事实上，一般人在低头的时候，往往表达一种不满意或者有成见的情绪。所以销售员在和客户交谈时，如果发现客户低着头一言不发，那就要尽快找到客户不满意的地方，妥善地解决掉。

- 头部倾斜

头部倾斜表示对方在认真地倾听你的介绍，你所说的话进入了对方的脑子里，而且对对方起到了一定的影响。所以，当你和客户交谈时，如果发现客户歪着头，用手托着脸颊，这就说明客户已经很信任你了，如果可以，要抓紧时间和对方谈条件、签合同。因为这时客户考虑的是能从你那里获得多少利润，而不是自己将要付出什么样的代价。并且在这时签合同，客户一般不会过多地和你讨价还价或讲条件。

留意客户头部的动作，对于销售员正确把握客户心理非常重要。而且销售员在与客户交谈的过程中，适当地引导客户做出以上动作，会影响客户的心理决策。比如，在与客户谈判时，时不时地点头引导他，客户为了回应你，也会不断点头。这种身体动作的暗示，会促使客户认可你、欣赏你，从而达到合作的目的。

习惯动作中透露出客户的情绪变化

销售实例

王晓是某大型购物广场临时聘用的促销员，他很会察言观色，因此，促销业绩非常好。一个周末，有一位客户引起了王晓的注意。

那是一个三十多岁的男士，和其他客户不同的是，该男士不喜欢说话，王晓过去和他打招呼，他也是爱答不理。而且这个人在促销货物的边上站了好长时间，一边看，一边不停地用脚尖击打地面。

王晓觉察出这种人是典型的完美主义者，非常自恋，不太会处理人际关系。于是，他站在不远处，等这个男士抬头寻求帮助的时候，他才过去帮忙。很快，这位客户在他的帮助下购买了商品。

分析

客户有各种各样的性格，所以，销售员在和客户交流的时候，一定要从他们的言谈举止和行为习惯中搜集信息，然后针对不同性格的人，采取不同的措施。

生活中的一些习惯动作，准确地反映了人们的心理活动，同样，客户在消费的过程中，也会很自然地将自己的习惯性动作表现出来。销售员如果能积极捕捉客户的这些习惯性动作，就能准确把握客户心理，更好地促成合作。

● 两脚自然站立，双手背在背后

有这种习惯的客户，一般都是有一定社会地位、知识水平，在单位里担任领导的关键客户。因此，销售员与这类客户

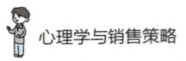

交谈时，要热情礼貌，绝不能因为自己一时疏忽而给对方留下不好的印象。也许对方不能直接决定与你合作，却能间接影响他人不与你合作。

- 双手不停地在口袋里插进去、伸出来

如果客户有这样的习惯性动作，那么，他答应你的事情可能不会完全做到，所以不能太相信这类客户的承诺。同时，这类客户随时都有可能被其他公司抢走，销售员要做好充足的心理准备。如果当时签不了合同，一定要及时跟进，千万不能等着客户主动联系你。如果合作了，则要把各种该注意的事项和客户说明白，并时时保持联系。因为这类客户做事情想的比做的多，行动起来总是小心谨慎。所以，销售员要用一些保守的方法来合作，不可着急，以免让客户对销售员起疑心，而导致最终的合作失败。

- 用点头和摇头来回答问题

一般来说，用点头和摇头来回答问题的人自我意识都比较强。所以，销售员在和这类客户交流时，只要用心将客户谈妥，以后就可以高枕无忧了。因为这类客户一般不会轻易和他人合作，如果决定与你合作，就会认真负责地与你合作。所以，遇到这样的客户，销售员一开始就要投入较多的精力、付出较多耐心，但是只要成功，对方就是你忠诚的客户。

- 用脚尖拍打地面

用脚尖拍打地面的人懂得自我欣赏，但是也比较保守和封闭，不喜欢与他人交流。所以，销售员如果发现客户有这个习惯动作，就要做好打攻坚战的准备，同时言谈举止一定要中规中矩，不可太随意，以免给客户留下不好的印象。

- 交谈时不停地打手势

如果销售员发现客户一边说话，一边不停地打手势，那就说明他是个控制欲非常强的人，同时也是个雷厉风行的人，很讲究做事情的效率。遇到这样的客户，销售员要努力提高做事情的效率，迎合客户的做事风格。

第 7 章

掌握谈判心理策略，销售本就是一场心理博弈

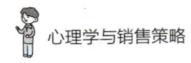

选择有利的谈判地点，营造心理优势

销售实例

小刘代表公司去和一个大客户谈一个合作项目。

到了对方的公司之后，客户将小刘带进了公司的会议室。小刘信心百倍，因为这个项目之前一直合作得不错，而且，小刘在出发之前，对客户的各项信息都了如指掌，做了各种预案来应对谈判中可能出现的各种突发事件。

谈判很快就开始了。小刘所在的公司觉得合作已久，所以就派了小刘一个人过来。可是客户方似乎对这项谈判非常重视，邀请了公司的好几位大领导参加。

面对客户公司的几位领导，小刘感到信心不足。但是这时候没有其他办法，只有硬着头皮顶着。果然，不出小刘所料，客户不但提出了非常苛刻的合作条件，而且对以前的合作也提出了质疑。尤其是对方的销售经理，直接提出合作的价格要降至以前合作的一半。尽管对方领导没有说话，但是在气势上已经完全占据了优势。

尽管小刘义正词严地表明了自己公司的意见和态度，但是毕竟在对方的地盘上，客户占尽了绝对的心理优势。再加上对方的谈判人员多，气势又强，小刘越来越被动，最后对方以绝对的优势获得了合作，小刘所在的公司作了让步。

分析

在进行商务谈判的时候，谈判地点非常重要，一般决定方都会有一种客随主便的心理。这种心理在很大程度上会给予决定方充分的自信。人的自信越充足，在谈判的时候气场就会越强，引导对方顺着自己的意思去走。所以，销售员和客户谈判的时候，要尽量争取在自己的公司，或者是自己熟悉的地方。

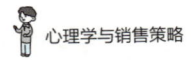

- 以参观为名邀请客户到公司或工厂来

一般情况下，客户对销售员所在的公司只是了解，而没有实地去考察。所以，销售员可以以参观的名义邀请客户到公司或者工厂来，从而为谈判赢得有利的地点因素。客户为了更多地了解产品，了解生产的规模，也会接受销售员的邀请前往。当客户来到公司或者工厂之后，销售员要抓住机会，促使客户在公司或工厂完成合作的谈判，并签下合同。谈判的结果自然是销售方获得更多的好处。

- 以拜访客户的名义邀请客户到熟悉的地方

按理说，销售员要拜访客户需要到客户的公司去，但是很多时候，客户的工作非常劳累，总是在办公室里进行谈判会产生心理疲劳。所以，销售员完全可以利用拜访客户的名义，提议客户去销售员熟悉的地方进行商谈。这种地方可以是酒吧、咖啡屋、运动场所或者娱乐场所，打着消遣的名义让客户放松戒备。在销售员熟悉的场所，销售员不会心理紧张，再加上销售员时不时地以娱乐休闲为名分散客户的注意力，这样客户对一些细节问题就不会太过关注。对于销售员来说，一切都在掌握之中，最终的谈判结果自然是更加有利于销售员了。

步步为营，逐步完成你的谈判计划

销售实例

王宁是一位中学老师，在一次朋友聚会中，她看到朋友的妻子穿的一条裙子非常漂亮，于是就有了想要购买的念头。

可是，王宁跑遍了所有的超市和商厦，就是没有发现那样的裙子，这让王宁着实有一些失落。过了一段时间，在一次逛商场的时候，王宁无意中在一个小服装店找到了梦寐以求的裙子，颜色和款式一模一样。

王宁非常高兴，拿着裙子看了又看，舍不得放下。

王宁问销售员："这条裙子多少钱啊？"

销售员说："300元。"

王宁想了想说："150元吧，你看能不能卖，能卖的话我就拿走，要是不能卖那就算了。"因为她事先听朋友们说过，在这里买东西一定要给半价。

销售员爽快地说："拿走吧。"

王宁拿着裙子并没有高兴起来，心里老是不踏实。她总觉得销售员怎么那么痛快地就卖给她了呢？是不是这裙子的质量有问题呢?

　　王宁穿着这条裙子,确实非常漂亮,但是她一点儿也不开心。

分析

　　客户在购买商品的时候,砍价后才会有成就感。客户总是觉得销售员会赚取大多数的利润,所以总要想尽办法把利润压低,让自己少花钱。所以,销售员在销售时,不妨把价钱定高一些,让客户在砍价中获得这种成就感,要让客户觉得你是忍痛割爱,很不情愿地把商品卖给他,让客户觉得占了便宜,这样客户才会高高兴兴地与你合作。

谁的钱都来得不容易，没有哪一个客户不问价钱，不问质量，就可以痛痛快快地购买。所以，销售员要掌握客户的这个心理，在和客户交易的时候，千万不要急于求成，要给客户砍价的机会。

● 最初要价要适当

销售员和客户谈价钱的时候，最初要价一定要适当，不能太高，太高会让客户觉得没法砍价，因为你的要价和对方的出价之间差距实在太大了。当然也不能要价太低，太低一则在对方砍价后，不但不会赚到利润，还有可能赔钱，二则会让客户觉得没砍下去多少，自然满足不了心理需求，从而放弃与销售员合作。所以，销售员在要价的时候一定要注意，不能太高也不能太低，给客户留下一定的砍价空间就可以了。

● 和客户讲价钱，不要发生争吵

很多时候，销售员要价太高，让客户花了时间讲价钱，可是价钱讲好了，客户还觉得贵，就会放弃购买。这时候，很多销售员觉得客户在存心找麻烦，于是对客户进行辱骂和攻击。但是，得罪了客户就意味着得罪了市场。所以，销售员在和客户讲价钱的时候，一定要面带微笑，即使对方给的价钱太低了，也不要随便跟客户对抗。

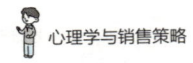

- 降价也要循序渐进

销售员在和客户讲价钱的时候，要一步一步、慢慢地往下降。事实上，这也符合客户的心理，会让客户觉得这是他的本事，并因此而产生很大的成就感。有的销售员脾气耿直，不喜欢和客户慢慢地讲，而是喜欢一次把价钱说到位，这样做并没有什么不对，只是一下子降这么多，会让客户觉得还可以再降，如果降不下去，可能客户就会掉头走掉，就算是买了，也会心存疑虑，觉得吃了大亏。所以，销售员和客户讲价钱的时候，一定要慢慢地降，说不定你出的某一个高价得到了客户的认同，那就意味着你会获得更多的利润。

- 为赚取超额利润准备机会

并不是每一位客户都喜欢讨价还价的。生活中，往往有很多人买东西不喜欢为了一点儿利益而和销售员纠缠半天，尤其是很多男士。所以，对于这部分客户，销售员报价高，就意味着高价成交，意味着能赚取超额利润。尽管这样的人在客户中不是大多数，但是也为数不少，如果销售员报价太低，就意味着白白丢掉了到手的利润。

让步，也要守住自己的"底线"

销售实例

王虎是热水器销售员。这天，他去拜访一家装修公司。

见到总经理后，王虎把自己所销售的热水器详细地介绍了一遍。对方对王虎所介绍的产品产生了浓厚的兴趣，不断地向他询问不同款式热水器的功能和价位，王虎也作了细致的回答。双方沟通得非常好。

接下来就是谈合作的事情了。

总经理："你们的产品非常好，但我觉得价格方面有些高。能不能在你开出的价格上再降低2个点呢？"

王虎："我们的价格很合理，毕竟我们产品的质量是同类产品中最好的。不过，如果能长期合作，也是可以考虑的。"

总经理："那真是太好了。"

王虎："如果觉得没问题的话，我们签一下合作合同吧。"

总经理："行，没问题。但是还有个小问题，发货的运费由谁付呢？"

王虎："运费是由客户承担的，我们不承担运费。"

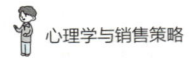

总经理:"我们以前合作的企业都承担运费的,你们不承担费用,我看我们的合作还需要沟通。"

王虎:"运费我们无论如何也不能承担,毕竟给你们的价格已经很低了。"

分析

从上面的故事中可以了解到,客户在和销售员谈判时总是想方设法地获得更多的利益,销售员为了能达成合作,会一步一步地妥协,尽可能多给客户便利。但是在妥协的时候,一定要紧守底线,不能为了合作而失去底线,给公司造成损失。销售员适当地考虑公司的接受能力,能满足客户的需求就要满足,如果不能满足,就要学会拒绝。

- 采用避重就轻的策略

在谈判的时候,一些客户总是会一再提出各种各样的要求,以此来给销售员施加压力,从而获得更多的利益。这时候,销售员不妨采用避重就轻的策略,避开客户所提的要求,在一些无关紧要的条件上作出让步,满足客户占便宜的心理。但是在让步之前,要一再强调这些条件对销售员来说多么的重要,给客户造成销售员非常在意和关注这些条件的感觉。这样即使让步了,也不会损失实质的利益,而且避免了拒绝客户带来的尴尬。

- 采用虚设领导的策略

有时候,客户提的要求非常苛刻,销售员不妨给自己虚设一个领导,把决定权推给这个虚设的领导,这样,客户知道为难销售员也不会有什么结果,自然不会再提要求。销售员自己要明白,自己有这个决定权,千万不要把决定权真的推给领导,以免客户绕过销售员直接找领导。这样一来,不但会给领导带来麻烦,让领导觉得销售员办事拖泥带水,甚至还会丢掉单子,徒劳无功。

- 采用反悔的策略

有些时候,销售员已经妥协让步到底线了,可是客户还是一个劲儿地软磨硬泡,非要让销售员做出更大的牺牲才愿意合作。遇到这种情况，销售员不妨请同事帮忙，以领导的身份出现在对方面前，直接开门见山地告诉客户，由于销售员没有经验，一些费用没有算上，实际的价格在原来的基础之上还要多几个点，这样客户会大发脾气，但是最终却能达成合作。尽管价格没有上调，但是打消了客户继续提出苛刻条件的想法。当然，这个策略不能随便乱用，要在销售员和客户合作的底线之上，客户一再纠缠的情况下才会见效，如果应用不当，不但起不到相应的作用，还会因此而丢掉客户。

谈判中拒绝客户要委婉，逐步引导

销售实例

小王在商场里转来转去给儿子找礼物，玩具专柜的销售员热情地招呼说："先生，有什么需要的，过来看看啊。"

在销售员的介绍下，小王给儿子挑了一个航母模型。

小王问："这个模型多少钱啊？"

销售员："300元。"

小王："这么贵呀，真是太贵了，我看我还是去挑选别的礼物给儿子吧。"

销售员:"这个航母男孩子都非常喜欢,是最好的生日礼物。不但能开发孩子的智力,在一定程度上,对塑造孩子的性格还有很大的帮助呢。"

小王继续问道:"能再便宜点儿吗?300元确实有点儿贵。"

销售员:"这个航母模型的质量非常好,而且市里只有我们一家在卖,这是最后一个了。这样吧,我再给你加四节南孚充电电池和一个充电器,你看行吗?"

小王:"行,那你给我打包吧。"

分析

销售员在和客户谈判时,尽量不要直接拒绝客户。人都有一种心理，当遭到拒绝的时候会很不舒服，而且在心里就会起对抗的念头。所以，当销售员不得不拒绝客户的时候，一定要委婉表达，尽量不要伤害客户的感情，要慢慢引导客户来理解和认可你。同时，不妨提出建设性的意见，或者给予附加的优惠，这样不但委婉地拒绝了客户，还向客户表明了自己的诚意。

- 适当地用幽默表达话外音

销售员和客户谈判时，如果双方势均力敌、互不相让，就很容易陷入僵局。这时候，销售员不妨开一个玩笑，或者是说一个笑话，把自己的意愿通过玩笑和笑话暗示给客户。当客户明白了你的意思之后，自然不会再提过分的要求，这样就避免了直接拒绝客户的尴尬。当然，用这种方法需要销售员有很强的随机应变的能力和丰富的知识。所以，销售员在平时要多积累知识，学会处理一些棘手的问题。

- 用曲线补偿的方式表达妥协

谈判是销售员和客户之间力量的对抗，直接关系着利益的得失。当销售员遇到客户提出的过分要求后，如果不能答应，不要直接拒绝，不妨再开出新的条件，以曲线补偿客户的方式，把你妥协的意思表达出来。一般情况下，客户见销售员有了妥协的意思，也会相应地作出让步。而在双方都让步的情况下，销售员首先提出建设性的妥协策略，客户也不好意思再为难，一般都会接受销售员的意见。

- 用移花接木的方式表达不满

如果销售员觉得客户提的意见有些过分，没办法接受，不妨采用移花接木的方式来表达自己的不满。比如说："对不起，我们接受不了你的意见，除非我们采用……"当然，后面提的这个事情是绝对不可能发生的，否则双方就不可能坐到一起谈判。这样，用不可能的事实来说明客户提的要求有些过分，在事实面前，客户也不好意思再坚持自己的过分要求。所以，销售员在谈判中，觉得没法接受客户的意见和建议的时候，不妨把客户的意见和有违常理的事实结合在一起，用事实的不可能性反过来证明客户所提要求的不合理性。

让客户始终觉得自己是大赢家

销售实例

刘丹是灯具销售员。一大早，店里来了两位客户，刘丹热情地迎了上去，经过询问，刘丹给他们介绍了两款非常漂亮的灯，客户也非常满意，但是在价格的谈判上却陷入了僵局。

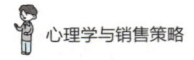

刘丹："这两款灯是刚上市的新款式，每一款进价就需要450元呢。"

客户："款式和功能都非常不错，但是价钱确实有点儿贵。类似的灯具只需要300元一盏就可以买下了，你这里要500元，我们有点儿接受不了。"

刘丹："那你们觉得多少钱合适呢？"

客户："400元一盏吧，如果觉得可以我们就买走了。"

刘丹："400元一盏是肯定不行的，我们的进价都要450元呢，这样吧，看你们也是真心喜欢，那就450元卖给你们吧，好歹不能让我赔本啊。"

客户没有再反驳，思考了一下，点了点头。

分析

销售员的成功不是把商品推销出去，而是在合作中，让客户觉得自己占了大便宜，是谈判的赢家。这样，当客户离开的时候，双方都感觉心情很愉悦。这样的合作，才是最成功的合作。所以，对于销售员来说，如何让客户在合作中心满意足，而自己又稳赚利润就显得尤其重要。

• 巧妙利用折中法

很多时候，销售员报出卖价，客户报出买价，往往最终成交的价格是在折中的点上。比如，销售员报价是 80 元，而客户出价是 60 元，那么，交易的价格基本上是 70 元。大多数时候，销售员明白，自己一定要把初始价格抬高些，这样客户讲价后自己才不会吃亏。同样客户也明白，让销售员吃亏合作是根本不可能的事情。所以，在双方各作出让步的情况下，折中的价格是最合适的交易价格。销售员在报价的时候，要对客户的出价有个大概的估计，预留足够的利润空间。

• 用形体动作表达情绪

对于客户来说，自己看到的往往比听到的更加可信，所以，对于销售员的表情变化和肢体动作更加相信。当客户给出的价钱太低的时候，销售员要适当地用表情和肢体动作来表达惊讶和不可理解的情绪，给客户施加影响，让客户自己觉得报出的价格实在不合适。当客户觉得自己出的价钱太低的时候，就会主动地加价，从而使最终的交易价格接近销售员预想的价格。另外，在利用肢体动作表达情绪的时候，销售员要把握好时机，同时在让客户加价的时候也要有个限度，不要让客户有吃了大亏的感觉。

- 表达降价的艰难

当客户报出低价，要求销售员降价的时候，销售员不要立刻降低价钱，不妨强调各种客观因素，表达出自己非常困难，每一次降价都是承受着巨大的痛苦，是在万不得已的情况下挥泪降下来的。这样一来，不但让客户觉得这么艰难的情况下，还是把价格讲下来了，自己占了大便宜，同时也给客户压力，不好意思再讲价。

提出己方让步，也要有所回报

销售实例

肖英是商场内的服装销售员。

这天早上，有两个年轻人前来买衣服。肖英给他们作了介绍，两个小伙子每人选了一套休闲服。

客户甲："我这套衣服多少钱啊？"

肖英："你这套240元，他那套280元。"

客户乙："如果我们两套一起买走的话，能不能便宜一些呢？"

肖英："那你们觉得什么价位合适呢？"

客户甲："两套衣服，500元可以吗？"

肖英："现在做衣服买卖本来利润就薄。要不这样吧，要是你们每人再买一条裤子的话，这两件衣服就可以500元卖给你们。行吗？"

客户乙："那好吧。"

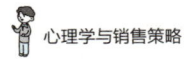

于是，在肖英的引导下，客户又买了两条裤子。

分析

在谈判过程中，客户要求销售员作出让步的时候，销售员不要直接地拒绝对方，可以适当地妥协和让步，但是也要让客户给销售员让利。合作是双方相互妥协的结果。为了保障自己的利益不受损害，为了能让合作继续进行，销售员不能白白让步，做出牺牲就要得到回报。

• 不要拒绝客户的要求

在销售员和客户谈判时，往往会在一些涉及现实利益的细节问题上发生分歧。如果双方都据理力争，丝毫不让步，那势必使谈判陷入僵局。对于客户的要求，不管是合理的，还是不合理的，都不要拒绝，因为适当的妥协才能合作。如果销售员一口回绝了客户的要求，那就会给客户一种错觉，觉得销售员是绝对不可能再妥协了。这样一来，客户也不会轻易妥协，最终导致双方的谈判破裂。所以，销售员不要轻易地拒绝客户的要求，当然也不能随随便便地答应对方。

• 不要主动提让步

当销售员和客户陷入僵局的时候，销售员不要为了合作能够继续而主动提出让步。在双方对抗的时候，谁先说话，谁就陷入被动。如果销售员主动提出让步，虽然合作有可能继续进行，但是要求客户回报的时候，客户绝对不可能答应，因为让步是销售员主动提出来的。客户觉得销售员急切地想要合作，自然不会给相应的回报。这时候，销售员自己提出了让步，又不好再反悔，以免给客户留下不守信用的坏印象。这样，销售员就会把自己弄到两难的境地。所以，销售员不要轻易地主动提出让步。

• 让步要有计划、有步骤

销售员在满足客户的要求时，一定要有计划、有步骤地进行。在不断的妥协中，可以适当地观察客户的反应，循序渐进的让步不仅是双方在传递有效的信息，更主要的是销售员可以试探客户的诚心。如果作出让步的决策之后，客户依然没有兑现的意思，那么，销售员要及时地停止让步，以免被客户欺骗。所以，对于销售员来说，一步到位的妥协和让步是不科学且不可取的。

第 8 章

心理引导，试着让客户跟着你的思路走

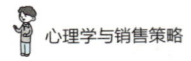

服务周到，想方设法让客户依赖你

销售实例

有一家公司给华南打电话，需要采购几十套监控设备。华南的服务非常周到，包括产品的选择、安装、调试都是他在操作。很快监控设备到了对方的手里，对方公司的经理非常满意。

但是过了不到两个星期，华南就接到了公司经理的电话，不是设备出了问题，而是公司经理对监控非常陌生，有一些功能还不会操作，需要华南手把手地教。于是，华南不辞辛劳，赶去为客户演示操作过程。

过了一个月，华南又接到了公司经理的电话，因为客户购买了设备之后，有一些故障对方不会排除，于是，华南再一次前往，为客户排忧解难。

由于对方对监控设备的采购、安装和调试一窍不通，在合作中，华南总是提供一条龙服务，渐渐地，客户对华南产生了深深的依赖，每次都要从华南那里订货，成为华南最忠实的客户。

分析

销售员要想让对方成为自己最忠实的客户，一定要让对方对自己产生深深的依赖。销售员要让客户在购买产品的时候第一时间想到你，离不开你，让客户依赖你。

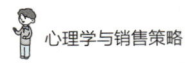

- 跟单要认真和勤奋，不要让客户操心质量和交期

在销售员和客户合作的过程中，销售员的工作做得是否到位，往往直接影响着客户的忠诚度。所以，销售员多努力一些，多操心一些，客户就会少操一分心。当你的客户与你合作时，不用再担心产品的质量，不用担心货物是否如期到达的时候，说明客户对你已经是绝对地信任了。你让客户省心、放心，客户没有理由不与你合作，没有理由不依赖你，自然会成为你最忠实的客户。

- 催款要及时，不要让客户担心卡货

有时候，客户因为工作繁忙，常常忘了回款。对于提供货物的公司来说，客户不回款，意味着不能再发货。这时候，如果销售员没有及时提醒客户，将很容易被卡货，给合作双方带来不必要的麻烦。所以，销售员一定要及时催款，及时提醒客户，让双方沟通到位。当客户不用为合作而操心的时候，基本上就是依赖销售员的时候。

- 售后跟进，让客户不用担心销售员及所代表的公司不存在

很多时候，尽管客户在和销售员合作，但是对于销售员所代表的公司基本上不会有太多的了解。尤其是发货之后，销售员和客户的联系就会越来越少，往往让客户产生销售员只管发货，不管售后的疑虑。如果售后出现了问题，很多销售员的

态度就会发生转变，这也是很多客户变更合作对象的原因。所以，在发货之后，销售员的问候以及适时的跟进，无疑是给客户吃了一颗定心丸，至少出了问题有人会负责。如果销售员可以打消客户的疑虑，客户自然不会离开你，进而成为你忠实的合作者。

• 对新产品的宣传要到位，让客户觉得你所在的企业是在发展壮大的

一个企业是否发展，往往与是否开发和研制新产品有直接的关系。事实上，这也是客户对合作企业的评判标准。所以，销售员对企业新产品的宣传一定要到位，让客户觉得你所在的企业是在不断发展壮大的，这样客户才会对你们的合作有信心，解除后顾之忧。客户对合作没有顾虑，实际上就是对销售员的依赖和信任。

巧用对比，抓住客户的心

销售实例

一位客户前来购买家具，在罗丹的介绍下，客户选中了一套

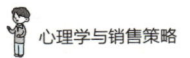

欧洲风情的高档家具，但是当罗丹报出 3 万元的价格时，客户皱起了眉头。

"我前几天在另外一家家具销售公司看到一套家具，和这套家具差不多，人家开价 2.5 万元，为什么同样风格的家具，在你们这里就贵了很多啊？"

"那您觉得这套家具多少钱合适呢？"罗丹耐心地问。

"那就 2.6 万元吧，也不能让你们吃亏。"

"可以，2.6 万元就 2.6 万元吧，不过不是这套家具，是旁边的那套家具。"说完，罗丹带着客户看了旁边的一套家具。这套家具和客户刚才看的那一套简直是两个档次，样式陈旧，而且材质和做工也很不理想。

望着客户满脸的疑惑，罗丹说："这套家具就卖2.6万元，正好符合你出的价位。"

客户不满地说："这套家具和刚才那套根本就不是一个档次。刚才那套家具你最低多低钱卖呢？"

这时候，罗丹知道客户购买的主意已经定了，最后以2.9万元的价格卖给了客户。

分析

要让客户接受销售员所报出的价格，不妨找一个陪衬，通过比较，让客户觉得物有所值。事实上，这也是引导客户心理的一项有力措施。所以，销售员要多利用对比心理，让客户自己去选择，在选择中，客户自然会顺从销售员。

没有对比，就不知道高低，不知道优劣，不知道好坏。所以在销售中，如果客户对销售员有所怀疑，不妨利用对比的方法，让客户在鲜明的差距中说服自己。

• 要介绍质量好的产品给客户

销售员给客户介绍产品的时候，一定要介绍质量好的产品给客户。客户一般都希望买到质量好的产品，所以销售员给客户

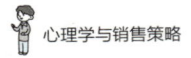

介绍产品的时候，一定要介绍质量好的商品，质量好的商品价格相应地会高一些，这就是客户的矛盾所在。在这种情况下，销售员要通过对比，让客户明白一分钱，一分货，客户都不希望使用低级产品。在这种心理作用之下，让客户主动加价，实现高价销售的目的。

- 相比较的产品，要建立在统一的性价比的基础之上

销售员利用对比的方法让客户觉得物有所值，但是前提必须是建立在统一的性价比的基础之上，也就是说，在功能和价格差不多的两件商品间作比较。如果销售员让客户比较的两件商品没有相同的功能，客户在比较中也就得不出什么结论。比如，电视机和洗衣机、液晶电视机和黑白电视机之间，就没有任何的可比性，客户在比较中不会得出任何的结论。所以，销售员引导客户在两件商品之间比较的时候，一定要选择同一概念上不同效果的两件商品。

- 相互比较的产品，要有明显的差距

销售员在引导客户比较的时候，要选择两件有明显差距的商品，因为有明显的差距，客户一看就能知道哪个好、哪个次。比如，前面故事中的两套家具，客户一看就能明显地感觉到差距，因为有功能和质量上的差距，所以客户才会接受价格上的差距，销售员也才能用事实对客户起到一定的说服作用。

如果销售员选择两件差别不大的产品让客户去比较，客户就感觉不到明显的差距，反而会因为相差无几的同类商品，却能便宜很多，而将注意力转移到销售员所提供的陪衬商品上。这样不但说服不了客户，还会起到反面的比较作用，对于销售员来说是彻底的失败。

● 介绍差距的时候，要有所倚重

很多产品在外观上看不出明显的差距，但在配置和功能上会有所区别，所以，销售员引导客户进行比较的时候，还要把两者之间的差距介绍给客户。在介绍的时候，销售员要有所倚重，对所推销的产品，要重点介绍其强大的功能和良好的质量，介绍时不妨夸张一些。对陪衬的商品，主要是衬托所要推销的商品，不妨说得次一点儿、差一点儿，让销售员的感情色彩来影响客户的决定。

以退为进，让客户心随你动

销售实例

王姬是某餐具企业的销售员，她想把企业的餐具卖给某个

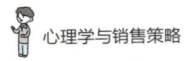

大型的百货商场。尽管她做了很多的努力,但是最终还是被百货公司的经理拒绝了。后来,她经过调查发现,百货公司的经理打算从另外一家餐具企业进货,而不要王姬所在企业的货了。

但是,王姬不想就这么输给对方。这天早上,她早早地等在总经理的办公室门前,见到总经理后,王姬直截了当地说:"我就需要10分钟的时间,希望你能满足我。"

王姬的话引起了总经理的兴趣,她走进总经理的办公室之后,立即从包里取出来一套最新研究设计的餐具,希望总经理能给这套餐具报一个合适的价格。在王姬的真诚邀请下,总经理报出了自己的价格,而王姬对总经理报出的价格进行了详细的分析和讲解。

讲完之后,王姬看了一下表,差不多10分钟了,于是,她收拾好餐具准备要走。这时候,总经理叫住她,说想看看王姬带的其他餐具。最后,这位总经理在王姬那里按照自己的报价定了一批餐具。

分析

有时候，客户需要销售员去吊胃口。市场竞争激烈，很多客户的态度犹犹豫豫，无法决定最终是跟 A 还是跟 B 合作。这时候，就需要销售员使用技巧，适当地以退为进。当客户被销售员所推销的产品深深地吸引住的时候，自然会挽留销售员，当客户挽留销售员的时候，是销售员达成合作的最佳时机。所以，销售员要用欲擒故纵的策略促使犹豫不决的客户最终跟自己合作。

- 要摸清楚客户的真实意图

销售员在准备以退为进的时候，一定要摸清楚客户的真实意图。如果客户对你的产品兴趣不大，或者是根本没有兴趣，那么，千万不要用这种欲擒故纵的策略，否则会弄巧成拙，连以后的合作都没有办法正常进行。所以，在用这种策略之前，销售员一定要确定客户对你的产品是否有浓厚的兴趣。

- 要懂得适可而止，见好就收

事实上，欲擒故纵无非是想要让客户挽留你，与你合作。所以，销售员应用这种策略的时候，一定要适可而止、见好就收。一般情况下，客户的兴趣被吊起来之后，客户都会挽留销售员。这时候，如果客户决定购买，你就要回头，事实上，客户的挽留已经是一种妥协，销售员要借此机会和客户达成合作，切不可得寸进尺。因为最终目的是与客户合作，而不是闹情绪、耍脾气。

● 要有高质量的商品做资本

销售员要欲擒故纵，威胁客户，首先要有高质量的商品做资本。如果销售员的产品质量很次，价格又很高，客户不会有多大兴趣，在这个时候，销售员就不要考虑用以退为进的策略了，因为你的离开正合客户的心意。所以，销售员在见客户之前，要对自己和客户有个清楚的认识。如果质量上没有优势，那就要从其他地方下手，比如，用价格和连带服务等，来吸引客户的注意力。

适当沉默，让客户产生心理压力

销售实例

景华代表公司与客户谈关于采购一千套办公家具的合作。在谈判桌上，双方对合作的其他事宜都很满意，唯独价格总是谈不下来。最后对方给出了每套5000元的价格，这个价格仅仅达到了景华所能承受的一半。听到对方的出价之后，景华没有表态，只是静静地沉默着。

10分钟之后，对方的代表坐不住了，又将价格提高到6000元，景华依然什么也没说。

半个小时之后，对方一下将价格加到了9000元一套，这个价格已经达到了公司的要求，但是景华依然没有说话。事实上这时候，景华本想同意并签合同，可是突然之间肚子一阵绞痛，景华捂着肚子痛苦地低下了头。

对方不知道缘由，以为景华对他们非常失望，对挤牙膏式的谈判感到非常痛苦，随即将价格抬到了每套13000元的价位

上，而且表示如果再不同意的话，对方将要走人。

这时候，景华强忍着疼痛，面带微笑地和对方的代表握了手，并迅速地签了合同。

分析

适当沉默可以给对方带来一种无形的压力，在这种压力之下，对方明白已经没有商量的余地，要想合作，只有自己作出牺牲。所以，和客户谈判的时候，销售员要想让客户按着自己的思路走，获得更大的利益，就要学会适当地表示沉默，让客户自己去跟自己较量。

谈判就是人与人之间心理的较量，尤其是销售员和客户之间的谈判，谁在谈判中占据了优势，就意味着谁会获得更多的利益。所以，销售员要学会在谈判中适当沉默，用强大的气场让对方妥协，从而获得更大的利益。但是沉默一定要有个度，否则丢掉合作的机会就得不偿失了。

- 沉默要有计划，有目的

在进入谈判前，要明白沉默所要达到的目的，要有个预案，怎样沉默以及根据对方的反应采取相应的措施。这样就可以根据谈判的进度，适当地表示沉默，让对方捉摸不透谈判代表的心理。而对于销售员这方来说，对方的所作所为全在预案和计划当中，相当于掌握了对方的所有招式，掌控了对方的心理。客户在谈判代表沉默的压力之下，为了达成合作，就会不断地征求意见。这样，对方抢先说话，在心理上就会处于劣势，就会不断提高自己的标准，来迎合销售员和谈判代表。

• 对沉默的时机有个整体的把握

在谈判中，销售员和谈判代表要把握好沉默的时机，在最适合沉默的时候沉默，在不适合沉默的时候千万别沉默，否则不但达不到让对方顺从自己的效果，反而会造成让客户占尽优势的不良后果。一般情况下，当谈判的双方出现较大分歧的时候是沉默的最佳时机，这时候，过多的辩解和争吵没有一点儿意义，反而会伤和气。所以销售员和谈判代表不妨在这个时候保持沉默，不管对方说什么都不要理睬，因为你的沉默就是对对方的最好回应，而且对方在你无形的压力之下，会想方设法地让你说话。这样，对于销售方来说已经占尽了优势。

• 要控制好沉默时间的长短

谈判的双方陷入沉默的时候，事实上是彼此之间心理的较量。对于销售员来说，要见好就收，不要无节制地沉默，这样会让客户觉得销售员不愿意合作了，从而放弃了想要继续合作的打算。在沉默之前，要对对方的承受能力有清晰的了解，掌握好对对

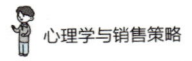

方施加多大的压力。这与沉默的时间有直接的关系，沉默的时间越久，对方的压力越大。所以，销售员和谈判代表一定要控制好沉默的时间。

- 沉默前后表现要一致

沉默之前，销售员要把自己的态度和意见表达明确，表达清楚，口气要坚定，让对方感受到你的那份坚定和不可否定的气势。在沉默之后，让对方明白没有商量的余地，这样在双方僵持的时候，对方才会有所表达。在用沉默让对方妥协之后，销售员也要表现得低调一些、冷静一些，不要欢呼雀跃，让对方有种挫败的感觉，这样对以后的合作没有好处。

骑驴找马：讨价还价来来回回，不必急于敲定价格

销售实例

小曲是北京某汽车销售公司的销售员。

一天早上，店里来了位30岁左右的男士，想要买一款奥迪A4。经过小曲的介绍，客户精心挑选了一辆。

客户问:"这辆车最低多少钱卖呢?"

小曲反问道:"那您打算多少钱买呢?"

客户说:"我最高出 30 万元,如果超过这个价钱,我就不要了。"

小曲:"我先请示一下销售经理吧。"

小曲对经理说明情况后,经理说:"那你就说车已经预定了,问问他可以付多少定金。然后告诉客户带着定金来办理定金交付手续。"

客户回答说:"可以付 5 万元定金。"于是,小曲让客户去取定金。20 分钟之后,客户带着 5 万元定金和小曲一起来到了销售经理办公室。

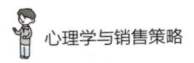

销售经理开门见山地说:"30万元确实有点儿低,如果是35万元的话,我倒是可以在总经理面前为您争取。"

客户:"要是超过31万元,我就不买了,现在我已经把5万元定金带来了,行不行你就给个痛快话吧。"

销售经理:"您稍等一下,我和总经理沟通一下。"

说完,销售经理给总经理打了个电话,几分钟之后,销售经理说:"总经理说了,最低可以降到33万元,再低可就没办法成交了。"

由于经理始终不放话,再加上客户非常想买,最后以32万元的价格成交了。

分析

一切都在变化之中,哪怕客户一开始非常坚定,但在销售员的引导之下,客户会慢慢迈出合作的第一步,此时销售员再慢慢地加上苛刻的条件,客户在想要合作的心理作用之下,也会一步步地接受销售员附加的各种条件。

当客户有了合作的具体行动之后,一般不会随便放弃。所以,销售员在和客户商谈的时候,要先把矛盾放一边,引导客户迈出合作的脚步。

- 不要直接拒绝客户

在销售员和客户交谈的时候，客户往往会给出自己认为可以成交的价格，这时，销售员不要直接拒绝客户，即使客户出的价钱已经靠近，或者是超出了销售员可以接受的范围，销售员也不要轻易表态，要找个借口转移话题，让客户觉得还有谈判的可能。客户在这样一个期望的引导下，自然会和销售员继续交谈下去。

- 尽量拖延时间

很多时候，客户和销售员交流的时间越长，双方的陌生感就会越淡，更主要的是，客户刚才说的话现在不一定就会坚持，所以，销售员要尽量拖延和客户的交谈时间，让时间冲淡客户的坚持。当客户和销售员耗费大量的时间交谈之后，就算是销售员最后表态接受不了客户的出价，客户也会因为付出了大量的时间和精力，而适当地提价向销售员妥协。

- 引导客户迈出合作的第一步

销售员和客户没办法达成合作的时候，销售员要引导客户迈出合作的第一步。事实上，客户迈出了第一步之后，希望合作的心情就会大大增强。这时候，遇到销售员增加的条件，也会适当地考虑接受，出价也会慢慢地向着理想的价位靠近，当然，销售员也要适当地妥协，让客户觉得是在商量，而不是在

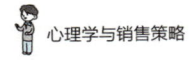

强迫。

- 扮演好"白脸"的角色

当客户觉得销售员附加的价格过高的时候,就会产生想要拒绝合作的念头,这时候,销售员要适当地拉出比自己拥有更大的决策权的第三方,同时要扮演好"白脸"的角色,代表客户跟领导谈判,这样客户就会顺着销售员的引导,一步步地妥协。这样一来,客户觉得自己并没有吃亏,而实际上,销售员在一步步地赚取客户更多的钱。

第9章

调动情绪,让客户的消费热情高涨起来

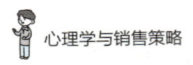

快乐心理，没有人会在痛苦时实现成交

销售实例

在一条街上，相隔不远的两个地方相继开了两家商店。早开的那家商店装修得非常豪华，店里的服务员穿着统一的服装，所有的商品都摆放得井然有序，地板也擦得一尘不染。而后开的那家商店货物摆放得有些杂乱，店内的服务员也没有统一的服装。可是，后开的这家商店生意非常红火，而先开的那家商店的生意却非常冷清。

这是因为后开的那家商店的店主和销售员每天都非常开心，总是喜欢和前来买商品的客户聊两句，偶尔还开开玩笑，大家觉得在这家店消费非常轻松、非常开心，所以大家都愿意来这里消费。

分析

销售人员的快乐会传递给客户，客户也会快乐，快乐的心情能带来快乐的销售。所以，销售人员要想让客户快乐，自己首先得快乐起来。

客户不但需要商品，更需要购买商品时的快乐，所以，销售员一定要开心快乐，只有这样，客户才能在合作中感受到那份开心。

- 用快乐去影响每一位客户

快乐会相互传染。就如同照镜子，你对着镜子笑，镜子里的你也会对着你笑，你对着镜子哭，镜子里的你也会对着你哭。所以，在销售中，销售员要把客户当成自己的一面镜子，把自己的快乐传递给客户。你把快乐传递给客户，反过来客户也会把快乐传递给你。这样一来，销售人员和客户的关系自然会不断地变好。所以，销售人员不要只把客户当作买卖产品的

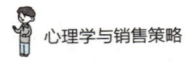

生意人，而要把客户当作分享快乐的朋友。客户在和你的接触中感受到了你的快乐，自然愿意与你合作，并会成为你最忠实的客户。

- 用快乐心态迎接每一次挑战

如果你快乐，再大的挑战都会变得渺小，你都能轻而易举地克服，如果你不快乐，再小的压力也会变得很大，让你无比畏惧、无法跨越。所以，销售员要快乐地去迎接生活和工作带来的压力和挑战。当你以一种享受快乐的心态去迎接挑战的时候，你就不会因此而烦恼了。

- 怀着一份为客户解决问题的心态去拜访客户

在任何时候，销售员都要告诉自己，你是客户的服务者，你要为客户解决问题，你要想方设法地帮助你的客户。事实上，帮助别人本身就是一件非常快乐的事情。你会因为帮助了客户，而体会到发自内心的愉悦。客户得到了你的帮助，自然也会非常开心。在这种帮助别人的过程中，传递着一份真情、一份感动。所以，销售员抱着为客户服务的心理，抱着真诚地帮助别人的心理去拜访客户的时候，才会把服务当作一种享受，才会真正获得工作的快乐。

控制情绪,始终给客户积极的一面

销售实例

销售员王刚昨夜刚刚接到老家的电话,父亲病危,他心急如焚,情绪特别不稳定,一整夜没有睡。

早上,王刚洗了把脸,想着今天要见的这个客户非常重要,努力了半年,对方才打算合作,今天是非常关键的一天。所以王刚尽量把父亲病危的事情放下,不去想,但是他越不想,父亲在脑子里的形象越加清晰。眼看着马上就要到和客户

见面的时间了,王刚还是打不起精神,这让他非常难受。

或许是这半年来王刚付出了太多的努力吧,当他见到客户的一瞬间,他本能地迎了上去,热情地握住对方的手。由于王刚的不懈努力,再加上今天的卓越表现,双方的合同很快就敲定了。

当王刚从会议室出来之后,立即买了回家的机票,火急火燎地往老家赶去。

分析

销售员要尽量控制自己的消极情绪,保持积极的心态。一个销售员如果连自己的情绪都控制不了,就会在客户的心里留下极坏的印象。所以,销售员在与客户见面的时候,要尽量把所有的烦恼和不开心丢掉,即使不开心也要装作快乐,让自己以积极的心态去面对客户。

- 忧虑的时候,想到最坏的情况

销售员平日里承受的压力大,往往会害怕做不出业绩来。当出现忧虑的情绪后,销售员要想到最坏的情况,比如,干不出业绩就会被辞退、完不成指标会受到领导的批评等。事实上,你想开了也就没事了,丢了工作还可以再找,被领导批评，也只是严厉的指责。当你想明白这些问题的时候，就不会有太多的顾虑。当你丢掉顾虑、放开手脚去做的时候，事情往往会有转机。所以，销售员要看透得失，不要太注重结果，只要自己努力了，那么，结果怎么样也不是你能左右的。

- 烦恼的时候，要懂得自我安慰

生活中，每个人都会遇到这样那样的问题。当你被问题本身所困扰的时候，就会感到烦恼。当你跳出问题，以一个旁观者的角度来看的时候，就会豁然开朗。所以，当你感到烦恼的时候，不妨自我安慰一下，只要不迷失自己，就要在自己选择的路上坚持走下去。同样，当销售员有烦恼的时候，不妨和朋友多聊聊，有时候当局者迷，当自己陷进去的时候，也许其他人一眼就看明白了。

- 沮丧的时候，要学会引吭高歌

面对生活，每个人都会有扛不住的时候，沮丧也在所难免。这时，你要及时地遏制这种情绪的蔓延，比如，你可以唱一首激昂愉快的歌曲。激昂的歌曲往往能让人的精神为之一振，所以销售员可通过这些歌曲来激发自己的斗志，让自己看到希望，也让自己更加自信。有时候，人有连锁反应，所以，当情绪沮丧的时候，一定要将这种消极情绪扼杀在摇篮中，切不可因为一时的沮丧而给自己带来更多的痛苦。

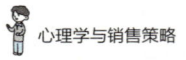

客户有个好心情，会加快购买进度

销售实例

小段是某电脑公司的店面销售。这天，来了一对即将结婚的情侣，打算为新家购置电脑。

当对方一前一后走进店里的时候，小段热情地迎了上去，打招呼："您好，欢迎光临。"

谁知，对方阴着脸，对小段的热情招呼根本没理会。小段马上意识到客户的情绪不好，所以他说话小心翼翼的，唯恐自己一不小心惹恼了客户。

男士在店里面转了转，问了问各种电脑的价钱，最后在一款最便宜的电脑前站住了脚，也没有细问，就示意小段开票。这时候，一直默默无声的女士生气地说："要么买好的，要么就不买，你买个破烂玩意儿糊弄谁呀？"

男士怒吼道："我没那么多的钱，买这款已经是够给你面子了。还想怎么样啊？"

就这样，这对情侣在店里吵了起来，小段站在一旁不知所措。

最后，男士硬是把最便宜的这款电脑给买了，而女士则气呼呼地摔门走了。

没过三天，男士又将电脑拿了回来，说要换一款，这让小段非常为难。他跟男士沟通半天没有结果，最后只好叫来经理，对方又添了一部分钱，换了一款中等档次的电脑。

谁知，又过了一天，这对情侣吵闹着又将电脑拿了回来，想要换一款最高档的。这一次，小段无论如何也不答应对方的要求，最后跟他们吵了起来，结果不欢而散。小段为此被经理狠狠地批评了一顿。

分析

有时候，客户购买产品的动机和情绪很不稳定，这时客户买了产品之后，仅仅为企业创造了单次交易的利润，但带来了更多的问题。比如，客户不断找茬儿影响企业的市场口碑，给销售员带来很大的麻烦。由此可见，客户有份好心情，比有实际利润更重要。

当客户情绪不好的时候，销售员一定要适当地调动客户的情绪，让客户在心情舒畅的情况下完成消费。具体来说，销售员要注意以下几种情形：

- 销售员充分调动客户的情绪，合作皆大欢喜

在销售过程中，如果销售员能通过不断地沟通，将客户的情绪慢慢调动起来，那么，客户会觉得销售员是值得信赖的朋友，进而满心欢喜地达成合作，完成消费。而且在此后的日子里，客户还会持续不断地消费，为企业创造更多的利润。所以，销售人员不但是商品的销售者，也是客户最信赖的服务者。客户得到的不仅是商品，更是一份好心情。

- 销售员没有及时照顾客户的情绪，勉强合作

有很多销售员觉得自己是商品的销售者，不是客户情绪的调解者，所以在和客户沟通时只顾着给客户介绍商品，而不去理会客户糟糕的心情。这样销售的结果，往往是和客户达成了合作，但是客户却把这种坏情绪归结到商品上，不是挑剔商品的质量不好，就是抱怨服务不到位，价格不合理，总之，就是

合作得不舒心、不高兴。而且，客户不高兴了就会不断地给销售员找茬儿，让销售员有处理不完的麻烦。

- 销售员和客户爆发口头冲突，客户拂袖而去

当客户带着情绪来合作的时候，恰巧销售员心情也不好。这时在沟通的过程中，说不上几句，销售员就会和客户吵起来，最终，不但达不成合作，还会给客户留下极坏的印象。此外，在这个过程中，销售员不但没有给企业带来任何的利润，还严重地影响了企业的口碑，给以后的销售带来很大的阻力。所以在销售过程中，销售员千万不能和客户爆发冲突。

客户无理取闹，要用礼貌且恰当的方式处理

销售实例

在一家冷饮店里，一位客户对服务员大声喊道："小姐，你过来，你看看你们店里提供的牛奶，怎么结块了，把我好好的一杯红茶都给糟蹋了。"

服务员一边微笑，一边赔礼道："真是太抱歉了，我立即

给您重新换一杯。"

很快，服务员将一杯新的红茶端了上来，旁边放着新鲜的柠檬和牛奶。服务员轻轻地对客户说："先生，我能不能向您提个建议，您如果打算放柠檬，就不要放牛奶，因为柠檬酸会与牛奶发生反应，从而使牛奶结块。"

客户的脸一下子红了，迅速地喝完茶就走了。

这时候，旁边的服务员说："明明是客户的问题，你为什么不直接说呢？"

服务员笑着说："正因为是他的错，所以我才应该委婉一些。"

分析

从上面的故事中可以了解到，有些时候，客户因为不了解情况，才把自己的错误强加到销售人员的头上，但是销售员如果处理不当，就会造成无法挽回的损失。在这种情况下，销售人员一定要用合适的方式提醒客户，让他明白过错在自己，这样，客户的埋怨和不满就会烟消云散。

- 态度和蔼，不要和对方发生争执

当客户无理取闹的时候，销售员一定要保持和善的态度，即使是对方的问题，也不要和客户发生争执。但是在具体的销售中，销售员如果发现是自己的问题的时候，面对客户的指责，都会一个劲儿地赔礼道歉。当发现是客户的问题的时候，都会反唇相讥，反过来指责客户。可是，客户自认为花钱买产品，要买得物有所值，再加上，客户并不是专业人员，出现过失在所难免。如果这时候你反过来指责客户，不但会给客户留下极坏的印象，还会影响以后的合作。所以，在这种情况下，销售员一定要保持和蔼的态度，客户自己理亏，自然不好意思再指责你了。而且客户是因为自己的过失指责你，从而欠你一份人情，日后的合作自然是轻而易举。

- 不妨适当地为客户的过失负责

一般情况下，客户指责你是因为客户不懂专业知识而造成的误会。所以，作为一名销售人员，如果有可能，应该尽量满足客户的要求。尽管是对方的错，但是毕竟给对方造成了一定的损失。比如，销售员给客户发了一套汽车用品的设备，客户在安装的时候，弄丢了几个小螺丝，由于是套装，客户无法找到合适的，但是客户以为是销售员在发货的时候没有发过来。这时候，尽管是客户的问题，销售员也要帮助客户将小螺丝配全。事实上，这对销售员来说并不是什么难事，但是对客户来说就是大问题。所以，如果问题不大，销售员不妨为客户的过失负责，帮助客户将损失减到最小。

- 礼貌地提醒客户，让对方意识到自己的过失

销售人员为客户承担过失之后，一定要以委婉的方式示意客户，是对方造成的问题。如果你不说，客户永远不知道，时间久了，就会习惯性地认为是销售员的问题了。但是，告诉对方的时候一定要委婉一些，不要直接指出是对方的过错。一般情况下，被人否定心理上都会有压力，况且客户还为此而指责了你，你如果不留情面地直接指出来，会让客户下不了台，客户不但不会感激你的帮助，还会强词夺理，坚决不承认是自己的问题。所以销售人员在提醒客户的时候，一定要注意方式方法。

引导客户有个好心情，才能实现合作

销售实例

薛娜是某建材公司主要负责钢材业务的销售员，这天，她要去拜访一家建筑公司的总经理欣总。

当她看到欣总时，发现欣总的脸色非常难看。她本打算向欣总介绍公司的产品，此时却没有了主意。欣总阴着脸坐在一边，气氛非常尴尬。

薛娜立刻意识到，必须想办法解开欣总心里的疙瘩，要不然，这次拜访就会以失败告终。于是，她迅速想起了一个自己生活中的笑话，给欣总讲了起来。

慢慢地，欣总的脸色好了起来，和薛娜聊起来。原来，欣总最近和妻子闹别扭了，每次一回家就是争吵，这让他的心情非常糟糕。薛娜和欣总聊了很多关于爱情和婚姻的话题，自始至终，薛娜都没有提及合作的事情。

聊天结束的时候，欣总非常开心，邀请薛娜一起吃了饭。

尽管这次没有合作，但是在这次拜访后的第三天，薛娜就接到了欣总的电话，让她过去签合同。

分析

　　销售员在与客户的合作中,有时候焦点并不是产品,而是心情。一份好的心情远比一次业务合作带来的利润要有价值得多。所以,销售员在拜访客户的时候,不要没完没了地谈合作、谈产品。当客户情绪不好的时候,拜访的焦点就变成疏导和安慰客户,销售员要察言观色,要将自己的服务适当地由商业合作过渡到生活交流。只有客户心情好了,才会有圆满的合作。

- 不要着急推荐产品

当客户心情不好、情绪低落的时候，往往对销售员介绍和推荐的产品不会有太大的兴趣。所以，销售员在拜访客户的时候，如果发现客户的情绪不对，就不要再介绍产品了，客户这时候不需要你的介绍，而是需要一个知心的朋友，能同他一起分担一些痛苦和烦恼。因此，作为一个销售员，更多时候是满足客户的需要，把客户真正需要的东西提供给客户。

- 不要急着对客户的坏情绪作反应

当客户表现出焦灼、不安、痛苦、无助等坏情绪的时候，销售员要适当地保持沉默，给客户足够的时间，让对方能够有一个自我平息的过程。因为很多销售员在看到客户出现不良情绪的时候，会急着安慰对方，替客户着急，结果非但没有减轻客户内心的痛苦，反而引起了客户的反感。更有甚者，很多销售员在安慰客户的同时，引起了自己不良的情绪反应，结果可想而知。所以，当销售员发现客户出现坏情绪的时候，不妨给客户留一定的时间，让客户给坏情绪做一个适当的处理。一般情况下，客户都会很快从坏情绪中脱离出来，而且客户只有脱离出来，才会和你交流，有交流才会解开心里的结。

- 要做一个有同理心的聆听者

客户之所以心情不好，一定是遇到了什么烦心的事情，而又不能及时宣泄和倾诉。所以销售人员在拜访客户的时候，不妨做一个倾听者，让客户把内心的烦恼和痛苦全部讲出来，这样客户得以倾诉，内心深处就会轻松很多。需要注意的是，销售员在这个过程中一定要认真倾听，适当地对客户表达出来的痛苦表示理解，切不可注意力不集中，或者是听到客户什么可笑的事情，而表现出发笑的动作，这样会给客户一种不受尊重的感觉，因为客户会觉得你在拿他的痛苦取乐，很容易引起客户的反感和愤怒。所以销售人员在倾听的时候，一定要端正态度，从而赢得客户的尊重和信任。

- 找到客户积极情绪的因素，适当激发

客户在倾诉的时候，会时不时地流露出积极的情绪，比如，在为现在的某一件事情痛苦的同时，会为以前的类似事情而感到骄傲；在谈到过去成就的时候，往往会很积极。这时候，销售员要抓住机会，肯定客户的过去，鼓励客户坚强一些。所以，销售员一定要学会审时度势，在适当的时候激发客户的雄心壮志。

第10章

了解客户消费心理，助你轻松赢得客户认同

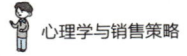

逆反心理：适时刺激客户，让客户主动购买

销售实例

张老师的车已经用了很多年，经常出现这样那样的故障，所以，张老师打算买一辆新车。这个消息无意中被某汽车销售公司得知，于是，很多汽车销售人员上门向他推销汽车。

销售人员陆续找到张老师，无一例外地向他介绍自己公司的轿车性能多么好，多么适合张老师这样有身份的人使用。有的销售人员甚至还刺激他说："张老师，这么破的车还开，为啥不买一辆新的呢？你似乎也不是没钱嘛！"听到这样的话，张老师心里非常反感。

这天，又有一名销售人员上门推销，张老师想，不管他说什么，我就是不买。但是，这位销售人员并没有像之前来的销售人员那样滔滔不绝地讲个不停，而是真诚地说："说实话，我觉得你的车还能将就一阵子，我还是过一段时间再来吧，等到你的车实在不能用了再换。"说完,给张老师留下一张名片就走了。

这完全出乎张老师的意料,所有的销售人员都是一个劲儿地鼓动他买车,而这个年轻人却劝他暂时不要买车,这让张老师的心理防线不攻自破。最后,张老师还是决定买一辆新车,于是,他拨通了这个年轻人的电话,向他订了一辆新车。

分析

这个年轻人正是用了逆向思维、欲擒故纵的方法,成功地将汽车推销给了张老师。客户一般都会对登门推销的销售人员抱有逆反心理,销售人员把自己的产品说得越好,客户越觉得是假的；销售人员越是热情，客户越是觉得他虚情假意，只是为了骗自己的钱而已。

逆反心理是一种本能的抵抗，没有恶意，所以，在销售过程中，当你的客户表现出逆反心理时，一定要妥善处理，否则会使客户的逆反心理更严重。

● 不要过多陈述，要用提问题的方式引导客户表达

在和客户交流的过程中，过多的陈述容易引起客户的逆反心理，人总喜欢让别人听自己说，你如果压制了客户的这种表达欲望，便会让客户心里非常不满。而且，当你陈述的时候，对方也会抓住你的观点反驳你。所以，销售员在和客户交谈的时候，不要说个没完没了，要用提问的方式引导客户表达自己的想法和意见。

● 激起客户的好奇心，能在一定程度上消解逆反心理

在和客户沟通时，你如果觉得话不投机，对方处处跟你抬杠，那一定要及时想办法激起对方的好奇心。对方对你的产品有了好奇心，也就有了兴趣，有了兴趣，自然愿意多了解。

从众心理：告诉客户产品的畅销程度

销售实例

这天，阿旺来到一条繁华的街道，看到前面排了长长的队，以为前面有什么好东西，就跟着排了上去。可是排了整整半个小时，前面排着的人一动不动，阿旺非常着急，就问前面的人说："排这么长的队，前面究竟在做什么？"

那人说："我也不知道，我看这里排着队，我就排上了，没准能赶上什么好事呢。"

阿旺又问后面的人说："前面在做什么呢？"

后面的人回答说："我不知道哇。"

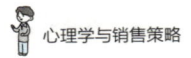

这时候，排队的人你望望我，我望望你，非常尴尬。

最后，阿旺直接挤到前面问个究竟。第一个人正在聚精会神地挑荔枝，看到阿旺迷茫的眼神后，笑着说："难道你看不出来吗？我在买荔枝呀，你要是也想买，排队去。"

分析

阿旺和那些排队的人正是因为从众心理，才盲目地跟着排队。因为当他们看到这个场景的时候，第一个念头就是：那么多人围着一种商品，一定有利可图。所以销售人员在进行销售时，可以利用客户的从众心理来营造氛围，通过影响人群中的部分人，来达到影响整个人群的目的。

- 所举的案例必须实事求是

在利用从众心理引导客户的时候，所举的案例必须真实，既不能编造一些莫须有的客户，也不能夸大客户的购买数量。如果销售人员所举的案例不真实，就有可能被揭穿，客户会产生被欺骗和被愚弄的感觉，不但失去了合作的机会，而且严重影响了客户对销售人员以及公司的印象，同时，这种极坏的影响还会波及其他的客户。

- 所举的案例尽量是一些有影响力的大客户

如果销售员所举的只是一些普通的消费者，那么，客户通常是不会出现从众行为的，毕竟对方的身份和地位不足以说明问题。所以，销售人员发现客户犹豫不决的时候，要适当地举一些大客户的案例来促成合作。

需要说明的是，利用客户从众心理的确可以提高推销成功的概率，但是也要讲究职业道德，不能拉帮结伙地欺骗客户，否则会适得其反。

害怕上当受骗：要从根本上消除客户的顾虑

销售实例

在一家大型商场的家电促销现场，好几个促销员围着一对小夫妻推销自己的产品。

甲促销员："我们这是响应国家政策的家电下乡活动，购物满 1 万元回赠 200 元，你还犹豫什么呢？"

乙促销员接着说："你不用担心我们产品的质量问题，我

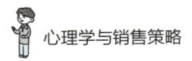

们的产品都是经过 ISO 国际认证的，质量上你可以绝对放心。"

丙促销员接着说："你要是家住得远，也没有关系，我们负责送货上门的，而且我们这边可以刷卡，不管是银行卡，还是信用卡，都可以使用。"

面对促销员连珠炮似的围攻，小夫妻俩一时也拿不定主意，他们犹豫了许久，最终还是离开了。

分析

小夫妻俩有买家电的想法，可是最终却放弃了，这是因为促销员一个劲儿地介绍各种优惠，让他们产生了抵触情绪，害怕各种优惠后面隐藏着巨大的陷阱。如果销售员不能够从根本上消除客户的顾虑，交易就很难成功。

可见，在销售过程中迅速有效地消除客户的顾虑，对销售员来说是十分有必要的。

- 把你所销售的产品的不足之处说出来

任何产品都有不足之处，把你所销售的产品的不足之处说出来，客户会对你产生信任感，觉得你没有隐瞒产品的缺点，是个诚实的人，这样也就为进一步交流做好了铺垫。同时，你主动承认商品有不足之处，可以避免和客户争吵，因为你销售的目的是让客户买你的产品，如果你和客户发生争吵，客户连最初的好感都没有了，还怎么可能购买你的产品呢？

- 要和客户建立感情

和客户交流的时候，销售员应多谈一些客户迫切想知道的问题，从为客户服务的角度出发，而不是一个劲儿地追着吵着让客户购买。如果客户有所顾虑，甚至决定不买的时候，也要真诚地对待，说不定客户会因为你的真诚而打消顾虑，走了之后马上就会回来。

- 对客户的热情要适度

当客户对产品感兴趣的时候，销售员要热情，但是不能热情过度。销售员过度的热情，会让客户倍感压力，因为客户感兴趣的往往不是你推荐的，你越是推荐，客户越是警惕。所以，作为一名销售员,不要一心只想着把商品卖出去,而是要想着如何让客户开开心心地把你的商品买回去,要让客户觉得你很了解他,把他想解决的问题给解决了,他的疑虑就会减少。

互惠心理:让客户看到他能得到的利益

销售实例

张宇是北京某大学二年级的学生,他利用假期的时间在一家超市里做售货员。

这天下午,来了一位四十多岁的中年男士,想要买奶糖,问了问价格,觉得有点儿贵,于是对张宇说:"能不能便宜一些

呀，我要不少呢！"

张宇为难地说道："我们超市总部定的价格是死价格，我也想给你便宜，但是便宜之后，我们自己就要把差价补出来。"

中年男士听了，说："你们也不容易，我买东西，不能让你们付钱哪，来吧，给我称 20 斤吧。"

分析

从这个故事中可以看出，这位客户自己想省钱，却也不能让销售员为自己垫钱。客户能理解销售员的苦衷，所以不再挑剔价格，一下子买了 20 斤商品。客户能够理解销售员，才会有和销售员双赢的心理，让双方都不要吃亏。所以，销售员在销售过程中让客户理解自己，是赢得客户的关键。

- 强调商品的质量

商品的质量往往是客户最关注的问题，因为谁也不愿意花大价钱买个残次品。为此，在客户提出"太贵了""不合算"等问题的时候，销售员要尽量留住客户，把产品的优势告诉他，能让客户在一种很舒服的状态下接受我们的意见，切忌不咸不淡地说"你不识货""一分钱，一分货"之类的话。因为这种话就像一把利剑，很容易伤害客户的自尊心，甚至激怒客

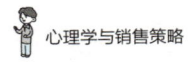

户，引起矛盾。实际上，客户买的是价值，而不是价格，而且也知道"一分价钱，一分货"的道理。

● 突出商品的优势

在销售中，很多客户会提出你的商品比其他商家的商品贵。这种时候，我们可以将同类商品进行优势对比，突出自己商品的优势，让客户知道"贵有贵的理由"。另外，在巧妙地突出自己产品优势的时候，千万不能贬低竞争对手，以免带来不必要的麻烦。对于那些购买后存在附加成本的商品，我们可以通过分析附加价值的优势，促使客户购买。

第 11 章

了解这些心理效应，让销售有规律可循

品牌效应：爱屋及乌，是人的共有心理

销售实例

胡晓媛是海尔公司的一名手机销售员。

这天，她去拜访一家大型商场的业务经理，想要在商场内设立一个海尔手机的专柜。见了客户之后，胡晓媛开始介绍海尔手机的各项功能和特点以及合作的各种优惠政策，而业务经理默不作声地坐在一边。看着业务经理一脸茫然的样子，胡晓媛开门见山地问："经理，您对我们的手机不感兴趣吗？"

经理说："我知道海尔是非常有名的企业，尤其是海尔冰箱，享誉全球。可是，海尔似乎在手机这一领域的研发力度并不大，不知道质量究竟怎么样？而且市场占有率也不是太高，恐怕在商场内设专柜有一定的困难。"

胡晓媛："经理既然知道海尔的冰箱质量非常好，且享誉全球，那么对海尔手机的质量也大可放心，我们企业对手机质量的把关和对冰箱质量的把关是一样严格的。虽然研发海尔手机的时间并不长，但是能在短时间内迅速地占领一席之地，说明我们的手机还是受客户欢迎的。"

经理："你说的也有一定的道理。不过，在商场内开设手机专柜，以前从来没有这样的先例。"

胡晓媛："要不这样吧，我们可以试着合作，先试营业三个月，如果效果不好再撤掉，您看行吗？"

经理："好，我看这样的合作方式可行。我们先签三个月的试营合同。"

分析

人对一件东西的感觉良好，就会对相关的东西产生信任，并且深信不疑，这就是所谓的品牌效应。在品牌效应的作用下，客户如果认可一个品牌，就会认可该品牌下的所有产品。这就是为什么很多企业想方设法地维护自己的品牌，维护企业

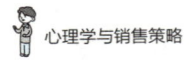

的声誉。

客户对认可的商品有很强的好感，这种好感会涉及商品相关的其他商品，进而认可与商品有关系的一切，即爱屋及乌。如果销售员在和客户的合作当中能够将自己所销售的产品和客户认可的产品拉上关系，无疑会推动合作顺利进行。

- 千方百计地打好自己的品牌

对于一个企业来说，良好的品牌无疑是业务合作的敲门砖，当一个企业拥有良好的品牌之后，意味着这个品牌下的产品质量是可靠的，是值得信赖的。这样，如果新开发的一个产品烙上企业的品牌，就可以利用品牌效应迅速地走向市场。对于企业来说，一定要想方设法地维护好自己的品牌，以信得过的质量和良好的服务来赢得客户的信任，让客户满意。

- 与有声誉的产品或企业联系起来

客户选择商品的时候，都有品牌效应，都会选择自己熟悉和信得过的商品，即使是新上市的商品，也会选择了解多一些的。而实际上，商品日新月异，客户都选择自己了解和熟识的商品来消费也是不可能的。所以，销售员要想尽一切办法让客户对商品有种亲近感和熟识感，在给客户介绍产品的时候，要尽可能与有声誉的产品或企业联系起来，比较各自的特点，大大增强客户的认可和信赖。

• 向企业的优点看齐

一个企业能在市场上立足，能获得消费者的认可和支持，自然有它的理由。所以，销售员在推销企业产品的时候，一定要了解企业的优势和特点，因为这些优势和特点往往会成为客户选择与销售员合作的关键。打着这样的旗号，会让客户对销售员所推销的产品产生好感、产生信赖，从而选择合作。

三分之一效应：客户在1/3处成交

销售实例

王伦在外地上大学，这次回家，他想给爸爸妈妈买衣服，以表孝心。

星期天早晨，他来到服装街精心为父母挑衣服。当他走进第一家店后，看上了一件棉衣，非常适合母亲穿，但是他并没有买，因为他觉得应该有比这个更好的。于是，他又来到了第二家店，正如王伦所料，第二家店里确实有一件棉衣，和第一家店里的那件很相似，而且质量似乎更好。但是王伦也没有买，而是进到第三家店……

就这样，王伦一直走到了第十家店，有些店里的衣服比前面看过的好，有些店里的衣服却不如前面的。等王伦走到第十家店的时候，实在走不动了，就买了那家的一件棉衣。事实上，这件棉衣并不是最好的，甚至还不如之前看过的。

分析

客户在购买商品的时候，尽管想购买物美价廉的商品，但是最终购买的并不是质量最好、价格最优的。客户都有一种心理，觉得货比三家，还有更好的、更加优秀的。在这种心理的作用下，客户往往会错过质量最好、价格最便宜、最适合购买的那件商品，因为在1/3处客户处于选择疲惫区，处于内心防御的软区，处于最渴望交易区。所以，销售员只要把握住了与客户合作的 1/3 处，就把握住了整个合作。销售员在拜访客户的时候，要顺应客户货比三家的这种心理，要在客户疲劳的时候，选择客户购买选择的 1/3 处。

- 要选择时间的 1/3 处

一般情况下，客户在一开始选择的时候，精力非常旺盛，所以，总想多了解、多选择，而不会选择购买和合作。对于销售员来说，要避开客户的精力旺盛期，拜访客户的时候，要选择一天的 1/3 处，一周的 1/3 处。因为这时候，客户经过很长时间的选择，心理处于疲惫期，而且这一时期也是客户接待销售员的疲惫期，是对销售员的心理防御最弱的时候，是最适合交易和合作的时候。很多经验丰富的销售员选择在下午三四点的时候拜访客户，选择在周三和周四拜访客户，正是利用了客户的这种疲惫心理，把握住了客户急于交易和合作的心理，最终达成了合作。

- 要选择地点的 1/3 处

销售员在拜访客户的时候，除了选择时间的 1/3 处外，还要选择地点的 1/3 处。这样一来，当客户在选择的过程中到达 1/3 处时，刚好身心疲惫，这时候，就算产品的质量不是最好的，价格不是最低的，甚至商品的款式和色泽不是最好的，客户也会选择购买。所以，一些精明的商家在开店的时候，并不选择在街头

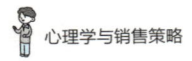

或街尾，也不选择整条街的正中央，而是选择在整条街的 1/3 处。

- 要选择销售的 1/3 处

在和销售员谈判的过程中，客户首先会对商品进行了解，然后谈判，最终达成合作。在这个销售过程中，关键之处也正是销售过程中的 1/3 处，这个时候正是客户和销售员谈价钱的时候。事实上，销售是否能够成功，关键就在谈判阶段，如果价钱谈合适了，合作自然会成功。所以，很多商家和销售员在和客户沟通和交流时，并不是一开始就打算交易，而是等待在合作过程的 1/3 处，才报出价钱，和客户在价格上博弈。事实上，这个时候客户已经选择了产品，花了心思了解和认可商品，对于价格的略高和略低也不会太过计较。对于销售员和商家来说，不要在客户一走上来就希望合作，希望交易，要给客户选择和了解的时间，要把握好客户购买的 1/3 处。

军令状效应：不留退路，置之死地而后生

销售实例

肖文最近成为了一名汽车销售员。这天，他正要去拜访客

户，经理对他说："你已经上班三个月了，可是连一个单子都没有，你说该怎么办呢？"

肖文："经理，我知道公司的规定，如果在明天早上太阳升起之前，我依旧签不了单子，我会主动辞职。"

肖文费了九牛二虎之力，最终还是没有拿下客户。眼看这一天就要过去了，肖文非常着急，如果在明天太阳升起之前没有拿到单子，就意味着自己将会丢掉工作。

万般无奈之际，他想起了以前的一个老业务员说过的话，如果没有其他办法拿下客户，那就死缠。于是，肖文来到了一位客户的办公室门口，等了整整三个小时。当客户下班时，打开门看到肖文，先是一愣，接着二话没说，转身就走了，把肖文一个人留在了那里。

但是肖文没有退却，依旧等在那里，一个晚上肖文始终没有离开过半步。第二天早上，前来上班的客户看到一脸倦意的肖文，非常吃惊，随后把他叫进了办公室。

肖文说："我整整三个月没有单子了，昨天是最后一天，要是再不出业绩，我就要丢掉工作了，您就帮帮我吧。"

客户沉思了片刻，对肖文所代理的汽车又进行了一番询问，随后下了单子。

分析

每个人都有惰性，要是环境允许，都不会置之死地而后生。销售员谈不下客户，基本上都是由于销售员没有提着脑袋做事情的狠劲儿和决心。所以，销售员在谈客户之前，一定要有足够的信心和坚定不移的决心。

人的潜力是被逼出来的。所以，销售员要让自己背负一定的压力，要在这种压力的逼迫下，最大限度地激发自己的潜力，坚定自己的信心。

• 设定的目标要有可实现性

销售员在给自己设定目标的时候，要对自己的能力有个准确的定位，设定的目标要有可实现性。比如，你现在的业绩是每个月10万元，设定目标的时候，可以定在20万元或者30万元，切不可一下子给自己定100万元，这样反而会打击销售员的信心。对于一名销售员来说，没有足够的自信是非常可怕的。所以，销售员在制定目标的时候，一定要切合实际。

• 不要轻易动摇自己的信念

销售员在制定了目标之后，不要轻易地动摇。销售员在挑战自己的时候，本身就是克服各种困难的过程。如果一遇到困难就动摇信念、怀疑自己，那么，这样的销售员终究是个业绩平平的人，甚至还有被淘汰出局的可能。在遇到困难之后，销售员要想尽一切办法克服困难，成功与失败往往就在一念之间。

• 不要给自己找任何的借口

很多时候，一些销售员在遇到棘手的问题时，就会给自己找借口来拖延和放弃。比如，客户太刁钻、太挑剔，实在不好谈，竞争对手的产品质量更好、价格更便宜等。事实上，产品的质量和价格基本上没有多大的差距,关键就要看销售员有没有耐心和决心来与客户谈判和沟通。所以,销售员不管遇到什么困难,一定不要给自己找借口,这样,销售员才会丢掉顾虑,最大限度地激发自己的潜力,完成不可能完成的业绩。

沸腾效应:激发客户更高的购买热情

销售实例

小华是电脑公司的店面销售员。

一天早上,店里来了两个年轻的小伙子,表示想要购买电脑。于是,小华给他们介绍了几款功能和款式都非常不错的电脑。小伙子在几款电脑中间看了又看,选了又选,而且向小华询问了很多相关的信息。

但是,这两个小伙子选择了半天,也没有决定买还是不买,最后表示改天再买。

小华见状,急忙指着其中的一款电脑说:"要不买这一款吧,这款电脑是最新产品,内存很大,而且保修期也长,非常适合年轻人使用。"

小伙子停住了脚步，想了想，随后让小华开了票。

分析

客户在购买商品的时候，往往会拿不定主意。这时候，销售员的劝解往往能促使客户作出决定。对于客户来说，买与不买各占一半的比例，销售员的劝解无疑增加了客户购买的心理倾向。所以，在客户犹豫不决的时候，销售员要适当地激发一下客户的购买热情，帮助客户作出最终决定。事实上，合作与否，往往在一念之间。

- 了解客户的购买用途

很多时候，客户对急需要的商品，购买的热情很高，对一些即将要用的商品，购买的热情就会大大降低，而且距离使用商品的时间越长，购买的热情越低。所以，销售员在和客户沟通时，一定要了解客户购买商品的用途，是现在用还是将来用，是必须

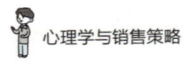

消费，还是可暂缓消费。了解了客户的这些购买信息，就能掌握客户购买商品的心理。当销售员了解了客户的这些信息，明白客户的购买热情并不是很高之后，就要对症下药，告诉客户早做准备，早点儿购买，以免时间来不及，从而激发客户的购买热情。当客户认可了销售员所说的道理，就会大大地增加购买欲望。

- 多强调购买的好处

客户购买的热情不高，是因为商品没有激发其浓厚的兴趣，所以这时候，销售员要不断地向客户介绍商品的各种功能和优势，吸引客户的注意力。客户关注商品，就说明客户有这个消费需求，所以，销售员是否能进一步激发客户的兴趣，对促使客户购买有着非常重要的意义。当然，销售员在介绍商品的功能和优势的时候，一定要实事求是，切不可夸大其词。

踢猫效应：别让客户的心情被你的坏情绪影响

销售实例

销售经理王女士一大清早因为一件小事和老公发生了激烈

的争吵。来到公司的她越想越生气，这时候，助理拿着这个月的销售报表前来征求王女士的意见。王女士看这个月的销售业绩不是很好，就不问青红皂白、劈头盖脸地把助理骂了一顿。

助理出去后，觉得特别委屈，这个月的销售业绩明明比上个月的还要好，反而挨了训。于是，她把销售员小月叫进办公室训斥了一顿。小月无缘无故挨了骂，正在气头上的时候，一位客户打电话来询问产品的价格。小月接了电话，本想好好和顾客沟通，可是刚说了两句，小月就对客户吼了起来。

后果可想而知，小月丢掉了努力好几个月才谈下来的一位大客户。

分析

人的情绪是会相互传染的。当一个人心情不好的时候，就

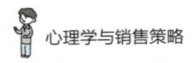

会沿着社会地位的强弱依次传递，等级社会关系最底端的那个人就是最后的受害者，这就是踢猫效应。所以，销售员在平时要注意调节自己的情绪，不要做情绪的污染源，去污染客户的情绪，影响客户工作和生活的心情。

销售员作为客户的服务者，承受的压力大，心情时不时地受到各种因素的影响，伤心失望是有所难免的，但是在和客户沟通的时候，销售员要尽量把自己的心理情绪调整到最佳状态。

● 转变思维，认识挫折和失败的价值

销售员在遭到客户的拒绝之后，往往会有很大的心理落差。事实上，销售员只有在经受了无数次的挫折和失败之后，才能变得更加成熟。所以，你在销售过程中遭受的打击和失败只不过是促使你成长的条件，没有这些艰难，你永远都不可能成为一名成熟的销售员。因此，面对客户的拒绝和无理取闹，销售员要坦然地面对、愉快地接受，要感谢客户帮助你变得成熟和强大。

● 不断学习，让自己进步

很多时候，销售员之所以会失败，是因为对自己没有信心。所以，销售员在不断自我激励的同时，还要加强对业务知识的学习，让自己变得更加专业，用自己不断高涨的业务量来增强自己的信心。人之所以灰心，是因为看不到希望，当你接二连三地与客户达成合作，销售量不断增长的时候，就会看到希望，就会有信心，就不会沮丧和灰心了。

- 多和成熟的销售员交流，让积极的情绪感染自己

悲伤的情绪会互相传染，同样积极的情绪也会互相影响。所以，当销售员因为业绩上不去而情绪不好的时候，要多与公司的老销售员交流和沟通，多学习对方的经验和技巧。同时，对方的积极情绪也会影响和激励你，从而让你变得更加积极。

- 随时调整自己的情绪，以免影响合作

任何一个客户都不希望看到一个满脸怨气的销售员，因为你的悲伤情绪会影响客户的心情。相反，一个积极开朗的销售员往往会让客户感觉心情舒畅。所以，销售员如果心情不好，那么在拜访客户前，一定要强迫自己大笑，从而将自己的心情迅速调整到最佳状态。当你微笑着敲开客户的门时，也就敲开了合作的大门。

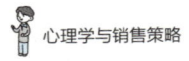

登门槛效应：先从提出一个小的要求开始，慢慢实现成交

销售实例

小金是保险公司的业务员。

这天，小金去小区开发客户，他没有穿职业套装，而是穿着随便。不一会儿，他和下楼散步的王大妈聊了起来。一开始拉家常，聊到了儿女，最终聊到了老人的赡养。当小金跟王大妈聊起保险的时候，王大妈表示没有买的想法。由于一开始小金和王大妈聊得很投机，所以王大妈也不好意思立即走开。

随后，小金在向王大妈介绍保险的好处的过程中，慢慢地让王大妈对保险有了全面的认识，同时，王大妈对小金建立起了信任。就这样，王大妈最终在小金的帮助下，给自己买了2万元的保险。

分析

客户对自己不认同的东西有极强的防备心。要想攻破这层堡垒，就要巧妙利用登门槛效应，层层剥离，让客户在不知不觉中接受和认同销售员的价值体系和理念。一般情况下，客户第一次接受之后，就不好意思再拒绝。所以，销售员在一开始接触客户的时候，要从一些简单的认同开始，慢慢地消除客户的防备心理。

- 给客户留下美好的第一印象

一般情况下，人在最初几秒钟之内，会对接触的人或者事有个基本的喜好倾向。对于第一感觉良好的人自然愿意多接触、多了解，而对于第一印象不好的人，从内心深处就会抵触。所以销售员在接触客户的时候，一定要想方设法给客户留下良好的第一印象，这是继续接触客户的前提。而且销售员在拜访客户时，一定要穿得整齐干净，和客户交流的时候不要

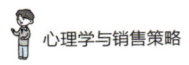

太强势，要有很好的亲和力，让客户在轻松自如的环境中和你交流。

- 引导客户建立最初的认可和顺从

客户由于对产品和服务存在误解，所以会对销售员的推销产生抵触的情绪。销售员在和客户接触的时候，要先从生活中的话题入手，因为任何客户都不会拒绝他人友善的交谈。销售员只有学会和客户拉家常、聊生活，才有可能在和客户的交流中建立信任，软化客户的抵触心理。客户内心对销售员不排斥了，才会试着去了解产品和服务。事实上，当客户想要了解产品和服务时，就意味着客户对产品的误会会很快化解。化解了误会，客户和销售员之间的合作也就会水到渠成。所以，销售员在和客户接触时，要建立最初的认可和顺从，让客户在这种认可和顺从之下，慢慢地接受销售员、接受产品。

- 要层层递进，不要急于求成

很多销售员在发现客户很抵触他们所推销的产品后，非常着急，不管客户喜欢还是不喜欢，非要缠着客户，逼着客户合作。这样往往让客户非常反感，不但不会与你合作，反而会把对产品和服务的抵触，牵连到对销售员的抵触上，造成客户拒绝和销售员接触和交流，从而给原本就不好做的产品推销增加难度。所以,销售员在说服客户的时候,一定要尊重客户的情感需要,要层层递进,慢慢地接触客户的内心,不要急于求成,以免引起客户的反感,和客户发生对抗。

第12章

使用契合客户心理的语言技巧，获得客户信任和满意

为客户讲一个生动有趣的故事

销售实例

王璇是一家饭店的老板,可是最近生意越来越难做。

这天,刚好是王璇发小结婚的日子。在酒桌上,王璇和发小的一个亲戚聊起了天,无意中听到了这么一个故事:说在古代,有一个非常孝顺的儿子,父母双双病倒在家里,等他赶回来的时候,父母已经奄奄一息了,他非常难过,觉得自己没有尽到孝心。于是,他想在最后为父母做一点儿粥,喂给父母吃,以表孝心。当他给父母喂了粥之后,父母竟然奇迹般地活了过来。

说者无心,听者有意,王璇听到了这个关于粥的故事,茅塞顿开。他决定好好利用这个无法考证的民间传说,来拯救自己的生意。回去之后,王璇立即对这个故事进行了加工和编撰,当然中间添加了很多煽情的东西,让客户一听就被深深地感动。

于是在短短的时间内，这个孝子用粥救双亲的故事迅速地传播开来，很多人慕名跑到王璇的店里只为喝一碗孝子粥。很多人为表孝心，给父母买；很多家长带着孩子来喝，以此来教育孩子。王璇的生意迅速地火爆起来。

分析

客户有时候选择消费并不完全是因为产品物美价廉，而是受到了很多情感因素的影响。所以，销售员要学会用美丽动听的故事来赚取客户的心，让客户在感受亲情、友情和爱情的同时，为你的产品买单。

人是讲感情的动物，有时候感情的冲动比理性的分析具有更强大的爆发力。所以，销售员要学会调动客户的情感因素，让客户在故事和传说的影响下购买产品。

• 锁定和满足客户的情感需要

客户选择消费产品时，不仅会关注产品的质量，更主要的是关注产品背后的情感。比如，这个产品有什么历史故事，在这个故事中所宣传的价值取向是什么等。很多时候，隐藏在产品背后的故事往往更能吸引和打动客户。这些故事把人们的价值体系附在了商品之上，无意中增加了商品的文化内涵。所以，销售员在推销商品的时候，不妨给商品编一个故事。

• 故事要有一个鲜明的主题

故事的设置一定要有个主题，要有价值取向的引导。比如，孝子粥所传扬的是孝顺父母的价值观，这个观念被社会所尊崇和提倡，所以客户才会千方百计地感受孝子粥的魅力，当一个孝子。如果故事的价值观是错误的，不但感动不了客户，还会招致客户的唾弃，起到相反的作用。

• 剔除故事中与商品无关的内容

在设置故事的时候，不要将故事设置得太长，否则会让客户在听故事的时候感觉很累，以在3~5分钟听完为佳。与此同时，一定要剔除与销售产品无关的内容，让宣传产品的故事更加精练，主题更加鲜明，这样客户听完了故事会立即明白你所要表达的意思。只有客户明白了故事的意义才会被感动，才会被吸引。

- 在最能打动客户的地方着重煽情

为宣传产品所设置的故事，目的在于打动客户的心，让客户因为故事而消费产品。所以，在能打动客户的关键部分，不妨加重煽情的成分。比如，孝子粥的故事中，最能打动客户的便是儿子看到父母病重后的伤心欲绝，以及怀着悲痛的心情为父母熬粥等，因为这些情节最能调动客户心中最强烈的情感。所以，在设置故事的时候，销售员不妨在这些地方着重煽情，在赚取客户眼泪的同时，赚取商品的利润。

尽量将晦涩难懂的专业术语以通俗的语言表达出来

销售实例

公司要搬家了，急需一个能体现公司特色的邮箱。于是，张总便让秘书去咨询一下。秘书在网上寻找了一家专门安装邮

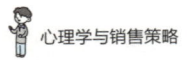

箱的公司，打了过去。接电话的业务员听了秘书的要求之后，非常诚恳地对秘书说："我觉得按照你们的要求，做一个 CSI 的邮箱比较合适，使用起来非常方便，而且还能体现公司的文化。"秘书从来没有听过 CSI 这个专业术语，自然不知道是什么意思，于是专门跑去问经理，经理也不知道。

于是，秘书问："你所说的这个 CSI 到底是什么材质的，是金属的，还是塑料的？"

业务员对秘书的提问非常不解，说："如果你们想要金属的，最好安装 FDX，每一个 FDX 上还要配两个 NOC。"秘书一听，脑袋更大了，一个 CSI 已经让她一头雾水了，这时候又来一个 FDX，还带上个 NOC。秘书很无奈，只好说："有机会再联系吧。"

分析

客户非常讨厌销售员满口的专业术语，因为客户听不懂，不知道你到底在说什么。或许这些专业术语能体现销售员的专业水准，但是客户不明白，销售员再专业也没用。所以，销售员在和客户沟通时，要尽量将专业术语用客户易于理解的方式讲解出来。如果销售员能把这些专业术语转换成简单的话语，让客户能听得懂，那客户自然愿意与销售员合作。

• 转换的语言要简单明了

客户没时间听销售员在那里搬弄文字，所以，在给客户解释的时候，销售员要尽量把话说得简单一些、明白一些。销售员在说话的时候，一定要注意提炼精华，用最简单的句子把主要的信息表达出来。如果销售员废话连篇，说不到点子上，往往会让客户着急上火。如果客户的脾气好，可能会委婉地拒绝和销售员合作；如果客户脾气不好，说不定，这样的机会还会招致客户的一顿臭骂，这对于销售员来说是得不偿失的事情。

• 多用口语表达

在转述专业术语的时候，销售员要尽量用口语表达出来，这样浅显易懂，客户容易明白。如果用大量的书面语，客户不仅会觉得费劲，还会产生厌恶的情绪。所以，销售员在表达的

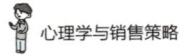

时候，尽量用口语化的语言，让客户听得明白、听得清楚，这样就减少了沟通的障碍。

（向客户表达想法时，尽量让客户觉得是自己的主意）

销售实例

邹宝是相机专卖店的店员。

这天，一个 20 岁出头的女孩前来购买相机。女孩不是要专业的相机，而是想要一个便于随身携带拍摄的相机。邹宝为她挑选了一款轻薄、便于携带的 A 牌相机，但是女孩似乎对 B 牌相机更感兴趣。

邹宝说："就色彩而言，A 牌相机不仅能保持景物原有的色彩，而且拍出来的照片明显地感觉色彩鲜艳一些，而 B 牌相机拍出的照片则会色彩失真，尤其是绿色，色彩会显得暗淡一些。"

女孩："这个我以前没有用过，了解的也不多，但是我同学中有人用 B 牌的。"

邹宝："这没关系，很多买相机的客户也是刚刚了解，我们为客户服务肯定会推荐最好的,要不然客户不满意,我们的生意也不好做。"

女孩:"那好吧,为了保证我以后拍出来的照片更加真实,我就买你推荐的这款 A 牌相机了。"

分析

有很多客户往往受周围朋友的影响,对某些品牌盲目地认可。这时候,销售员如果态度鲜明地向他们提出自己的看法,一般都会遭到客户的抵触和反对。这不是销售员的建议有问题,而是对方觉得那是你的想法,不是自己的决定。谁也不想让别人来决定自己的事情。所以,销售员在向客户表达自己的

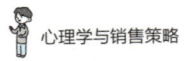

想法时，尽量不要直接表明自己的态度。这就要求销售员在提意见的时候要注意方式方法、态度和语气。

- 态度要诚恳一些，委婉一些

销售员用自己的态度和意见去影响别人的时候，一定要注意说话的态度，要尽量诚恳一些、委婉一些，尽量不要让客户感觉你在用自己的想法来指挥他的行动。一般需要这种慢性渗透的方式来说服的客户，基本上都是自尊心比较强，而且非常固执的。如果销售员说话的态度太过强势，势必会伤害客户的自尊心，引起对方的反感，从而让其产生逆反心理。这对于销售员来说，是得不偿失的事情。所以，销售员在表达自己态度的时候，要尽量说得诚恳一些、委婉一些，用自己观点中的感情色彩去影响客户。

- 尽量不要用"我觉得""我认为""你应该""你最好"等词

"我觉得""我认为"之类的词，都有很强的自我性和指令性。客户听到这些词的时候，觉得销售员完全在用自己的想法和观点来强迫他们服从和遵守，这往往会让客户心里有一种受逼迫的感觉。客户自然不愿意受你思想的控制，想要有自己的想法和决定。所以，销售员在跟客户谈自己的想法的时候，要尽量少用这些词，以免引起客户的逆反心理。

- 要有耐心，让客户觉得是经过深思熟虑的

销售员把自己的想法和感受说出来之后，要给客户一定的时间，让客户在心理上有个接受和消化的过程，如果客户消化不了，那还是销售员的意见。所以，销售员要想让自己的意见变成客户的意见，就要给客户一定的时间去接受、去消化，千万不要逼迫客户去作决定。如果这时候销售员一再追问，势必让客户觉得销售员有强迫他的意思，本来愿意接受，也立刻开始抵制了。不要担心客户会浪费你的时间和精力，如果客户对你的建议没兴趣，早就表现出来，根本用不着去思考了。

小小幽默，能融洽销售氛围

销售实例

陆俊是某公司的销售员。这天，他去拜访一个从未合作过的客户。见了对方之后，陆俊一边作自我介绍，一边恭恭敬敬地将自己的名片双手递到了对方的面前。对方接过陆俊的名片，不屑地瞥了一眼，没搭理陆俊。

过了几分钟，对方才慢条斯理地说："你们公司的销售员

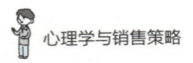

来过好多次了,我直接就给打发走了。我对你们的产品一点儿兴趣也没有,也不想浪费你的时间,同时我也没时间搭理你,你还是赶紧走吧。"

陆俊说:"您能为我着想,让我很感动,您也不用担心浪费我的时间。我只需要5分钟的时间,如果5分钟之后,您对我们的产品感兴趣,咱们就合作。要是5分钟之后,您不满意,我当场在地上给您打个滚儿,或者翻个筋斗也行,算作对您的补偿吧。"

"你真的要在地上打个滚儿?"客户笑着说。

"没错,就这么爬下去,就这么翻过来。"陆俊一边比划着,一边笑着对客户说。

"行啊,为了看你这个表演,我也得给你5分钟啊。"客户哈哈大笑着说。

"得，看来我今天还真得用心不可，否则真的要当众出丑了。"陆俊笑着说。

分析

幽默能降低客户的心理戒备，能缓和销售员和客户之间因为不熟悉而造成的紧张气氛。所以，当销售员遭到客户拒绝的时候，要想方设法利用你的幽默细胞将对方逗笑。如果对方发笑，其防备心理就会松懈，销售员就能成功地俘获客户的心。

- 陶冶情操，让自己变得乐观、豁达、自信

幽默是一种生活态度，是乐观、豁达、自信的表现。很难想象，一个整天唉声叹气的人会有幽默感。所以，销售员要想让自己变得幽默一些，首先要培养自己积极的生活态度，任何事情都有其两面性，生活也是这样的。所以销售员要积极乐观一些，当遭遇到挫折和打击的时候，不妨将其当作一种享受。其次要有豁达的心胸，不要斤斤计较。最后要有绝对的自信，不要轻易怀疑自己。当你变得乐观、豁达、自信的时候，你就会慢慢地发现，其实你也有很多幽默细胞。

- 不断丰富自己的文化知识，让自己变得充满智慧

一般情况下，幽默的人都是知识非常丰富的人，趣味的

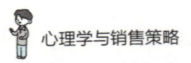

谈资是以广博的知识为基础的。脑子里的知识多，才会融会贯通，找到各种知识之间的联系点和相似点，找到幽默元素。所以，销售员在平常的工作中，也要抽时间多学习各种文化知识，不断地充实和提升自我。只有有了广博的知识，才能做到谈资丰富、妙言成趣，才能从平淡的生活中发现乐趣。

● 培养敏锐的洞察力，提高观察事物的能力，让自己的思维变得敏捷

只有在平日里积极地观察，善于发现和捕捉生活中的细节，然后加以联想和夸张，才能带来幽默的效果，给人们以轻松的感觉。一个做事马马虎虎、粗枝大叶的人是根本没法发现生活中的乐趣的，更别说幽默了。所以，销售人员要多注意观察生活和工作中的人和事，多去发现生活、体味生活，多去认真地面对生活。渐渐地，你会发现你变得越来越幽默了，你的客户也越来越喜欢你了，当然，你的业绩也越来越好了。

参考文献

[1] 谭慧.每天学点销售心理学［M］.北京：中国华侨出版社，2011.

[2] 李敏.销售心理学［M］.北京：中国法制出版社，2016.

[3] 靳会永.你其实不懂销售心理学［M］.海口：南海出版社，2014.

[4] 陈瑞武.销售心理学［M］.北京：化学工业出版社，2018.